PRÉFACES
ET
MANIFESTES
LITTÉRAIRES

IL A ÉTÉ TIRÉ

Vingt-cinq exemplaires numérotés sur papier de Hollande

Prix : 7 fr.

PRÉFACES
ET
MANIFESTES
LITTÉRAIRES

PAR

EDMOND ET JULES DE GONCOURT

PARIS

G. CHARPENTIER ET Cie, ÉDITEURS

11, RUE DE GRENELLE, 11

1888

Tous droits réservés.

AVANT-PROPOS

Aujourd'hui que l'Œuvre des deux frères est terminé — l'un étant mort depuis des années, l'autre se trouvant trop vieux pour entreprendre à nouveau un travail d'imagination ou même un travail d'histoire de longue haleine, — il a paru intéressant au survivant de réunir, dans un volume, les préfaces et les manifestes littéraires, jetés en tête des diverses éditions de leurs livres.

En effet c'est donner comme les

bulletins des batailles que, depuis près de quarante ans, les deux frères ont livrées sur le terrain du roman, de l'histoire, du théâtre, de l'art français et japonais. C'est faire apprécier au lecteur l'ensemble de toutes les tentatives, dans lesquelles les auteurs se sont essayé à voir avec des yeux autres que ceux de tout le monde; à mettre en relief les grâces et l'originalité des arts mis au ban par les Académies et les Instituts; à découvrir le *caractère* (la beauté) d'un paysage de la banlieue de Paris; — à apporter à une figure d'imagination la *vie vraie*, donnée par dix ans d'observations sur un être vivant (RENÉE MAUPERIN, GERMINIE LACERTEUX); à ne plus faire éternellement tourner le roman autour d'une amourette; à hausser le roman moderne à une sérieuse étude de l'amitié fraternelle, (LES FRÈRES ZEMGANNO) ou à une psychologie de la religiosité chez la femme (MADAME GERVAISAIS); — à introduire au théâtre une *langue littéraire parlée;* — à utiliser en histoire des matériaux historiques, restés sans emploi avant eux, (les lettres autographes, les tableaux, les gravures, l'objet mobilier); — tentatives enfin, où les deux frères ont cherché *à faire du neuf,* ont fait leurs efforts pour doter les diverses branches de la littérature de quelque chose, que n'avaient point songé à trouver leurs prédécesseurs.

EDMOND DE GONCOURT.

Auteuil, septembre 1888.

ROMANS
ET
NOUVELLES

EN 18..[1]

HISTOIRE D'UN PREMIER LIVRE

QUI A SERVI DE
PRÉFACE A LA DEUXIÈME ÉDITION

Le 1ᵉʳ décembre 1851, nous nous couchions, mon frère et moi, dans le bienheureux état d'esprit de jeunes auteurs attendant, pour le jour suivant, l'apparition de leur premier volume aux étalages des libraires, et même assez avant dans la matinée du lendemain, nous rêvions d'éditions, d'éditions sans nombre... quand,

1. Chez Dumineray, éditeur, 1851, un vol. in-18.

claquant les portes, entrait bruyamment dans ma chambre le cousin Blamont, un ci-devant garde du corps, devenu un conservateur *poivre et sel*, asthmatique et rageur.

— Nom de Dieu, c'est fait! — soufflait-il.

— Quoi, c'est fait?

— Eh bien, le coup d'État!

— Ah! fichtre... et notre roman dont la mise en vente doit avoir lieu aujourd'hui!

— Votre roman... un roman... la France se fout pas mal des romans... aujourd'hui, mes gaillards! — et par un geste qui lui était habituel, croisant sa redingote sur le ventre, comme on sangle un ceinturon, il prenait congé de nous, et allait porter la triomphante nouvelle, du quartier Notre-Dame-de-Lorette au faubourg Saint-Germain, en tous les logis de sa connaissance, encore mal éveillés.

Nous nous jetions à bas de nos lits, et bien vite nous étions dans la rue.

Dans la rue, les yeux aussitôt aux affiches — et égoïstement, nous l'avouons, — au milieu de tout ce papier fraîchement placardé, proclamant un changement de régime pour notre pays, nous cherchions « la nôtre d'affiche », l'affiche qui devait annoncer à Paris la publication d'En 18.., et apprendre à la France et au monde, les noms de deux hommes de lettres de plus : *MM. Edmond et Jules de Goncourt.*

L'affiche manquait aux murs. Et la raison en était ceci : Gerdès, qui se trouvait à la fois, ô ironie! l'imprimeur de la Revue des Deux Mondes et d'En 18.. ; Gerdès, dont l'imprimerie avait été occupée par la troupe, hanté par l'idée qu'on pouvait prendre certaines phrases d'un chapitre politique du livre pour des allusions à l'événement du jour, et au fond tout plein de méfiance pour ce titre bizarre, incompréhensible, cabalistique, et dans lequel il craignait qu'on ne vît un rappel dissimulé du 18 brumaire; Gerdès, qui manquait d'héroïsme, avait, de son propre mouvement, jeté le paquet d'affiches au feu.

C'était vraiment de la male-chance pour des auteurs de publier leur premier volume[1] juste le jour d'un coup d'État, et nous en fîmes l'expérience en ces semaines cruelles, où toute l'attention du public est à la politique.

Et cependant nous eûmes une surprise. Le monde politique attendait curieusement le feuilleton de Janin. On croyait à une escarmouche de plume, à un feuilleton de combat des DÉBATS, sur n'importe quel thème, à un spirituel engagement de l'écrivain orléaniste avec le nouveau César. Par un hasard qui nous rendit bien heureux, le

---

[1]. EN 18.. paraissait dans la première huitaine de décembre avec cette note au verso du titre :

Ce roman a été livré à l'impression le 5 novembre.

Sauf les couvertures, il était complètement imprimé le 1ᵉʳ décembre.

Au reste, — qui le lira?

feuilleton de J. J. était consacré à En 18.., spirituellement battu et brouillé avec la Dinde truffée de M. Varin, et les Crapauds immortels de MM. Clairville et Dumanoir.

Jules Janin parlant tout le temps de notre livre, nous fouettait avec de l'ironie, nous pardonnait avec de l'estime et des paroles sérieuses, et présentait notre jeunesse au public en l'excusant, en lui serrant la main : une critique à la fois très blagueuse et très paternelle. Il disait :

Encore un mot, un mot sérieux, si je puis parler ici aux deux frères, MM. Edmond et Jules de Goncourt. Ils sont jeunes, ils sont hardis, ils ont le feu sacré ; ils trouvent parfois des mots, des phrases, des sons, des accents ! je les loue et les blâme ! Ils se perdent de gaieté de cœur ! Ils abusent déjà, les malheureux, des plus charmantes qualités de l'esprit ! Ils ne voient pas que ces tristes excès les conduisent tout droit à l'abîme, au néant ! Ils ne comprennent pas que pour un curieux de ma sorte, un enthousiaste, un fanatique de style qui se trouve content et satisfait, si par hasard il rencontre en quelque tarte narbonnaise, un mot vrai, un mot trouvé, le commun des lecteurs, le commun des martyrs, rassasié de ces folies du style en délire, aussitôt les rejette et n'en veut plus entendre parler, une fois qu'il a porté à ses lèvres ce breuvage frelaté où se mêlent sans se confondre les plus extrêmes saveurs. A quoi bon les excès de la forme que ne rachète pas la moralité du fond ? Que nous veulent ces audaces stériles, et quel profit peuvent retirer de ces tentatives coupables, deux jeunes gens que l'ardeur généreuse du travail et le zèle ardent de l'inspiration pourraient placer si haut ? Comment ce défi cruel à leurs maîtres ! Comment cette injure aux chefs-d'œuvre !...

... Eh Dieu ! il y a pourtant une page enchanteresse dans votre livre, une certaine description du *Bas-Meudon* qu'on voudrait enlever de ces broussailles pour la placer dans un cadre à part, à côté d'un paysage de Jules Dupré.

Mais en dépit du feuilleton de J. J., si en faveur encore dans ces années, et si lu pendant ce mois de décembre 1851, nous vendions en tout, et pour tout, une soixantaine d'exemplaires de l'infortuné En 18..

Quelques mois après, l'éditeur Dumineray, le seul éditeur parisien qui avait consenti à mettre son nom sur la couverture de notre bouquin, nous priait de le débarrasser du millier d'exemplaires restant, dont l'emmagasinement le gênait. Et l'édition rapportée chez nous, et jetée sur le carreau d'une mansarde, deux ou trois années après, comme nous étions montés dans cette mansarde, je ne sais plus pourquoi, nous nous mettions, chacun dans un coin, assis par terre, à relire un exemplaire ramassé dans le tas — et nous trouvions, ce jour-là, notre premier roman, si faible, si incomplet, si enfantin, que nous nous décidions à brûler le tas.

Aujourd'hui que plus de trente ans se sont passés depuis l'autodafé d'EN 18.., je n'estime pas beaucoup meilleur le volume, mais je le regarde, ainsi que Mme Sand m'a appris à le considérer, comme un intéressant embryon de nos romans de plus tard; comme un premier livre, contenant très curieusement en germe, les qualités et les défauts de notre talent, lors de sa complète formation, — en un mot, comme une curiosité littéraire, qui peut être l'amusement et l'instruction de quelques-uns.

C'est mal fait, ce n'est pas fait, si vous le voulez, ce livre ! mais les fières révoltes, les endiablés soulèvements, les forts blasphèmes à l'endroit des religions de toutes sortes, la crâne affiche d'indépendance littéraire et artistique, le hautain *révolutionnarisme* prêché en ces pages ! Puis quelle recherche de l'érudition, quelle curiosité de la science, — et dans quelle littérature légère de débutant, trouverez-vous ce ferraillement des hautes conversations, cette prestidigitation des paradoxes, cette verve qui, plus tard, tout à fait maîtresse d'elle-même, enlèvera les morceaux

de bravoure de CHARLES DEMAILLY et de
MANETTE SALOMON ; — et encore ce remuement des problèmes qu'agitent les bouquins les plus sérieux, et tout le long du volume, cet effort et cette aspiration des auteurs vers les sommets de la pensée ? Oui, encore une fois, c'est bien entendu, un avorton de roman, mais déjà fabriqué à la façon sérieuse des romans d'à présent.

Oh ! ce qui fait le livre mauvais, je le sais mieux que personne ! C'est une recherche agaçante de l'esprit, c'est un dialogue, dont la langue parlée est faite avec des phrases de livre, c'est un *caquetage* amoureux d'une fausseté insupportable, insupportable. Quant à notre style, il est encore bien trop plaqué du plus beau romantisme de 1830, de son clinquant, de son *similor*. On y compare le plus naturellement du monde la blancheur de la peau des femmes avec l'amalgatolithe, et les reflets bleuâtres de leur chevelure noire avec les aciers à la trempe de Coulauxa, etc., etc.

Il existe un vice plus radical dans le style de ce roman d'EN 18.. Il est composé de deux styles disparates : d'un style alors amoureux de Janin, celui du frère cadet ; d'un style alors amoureux de Théophile Gautier, celui du frère aîné ; — et ces deux styles ne se sont point fondus, amalgamés en un style personnel, rejetant et l'excessif sautillement de Janin et la trop grosse matérialité de Gautier : un style dont Michelet voulait bien dire plus tard, qu'il donnait à voir, d'une manière toute spéciale, les objets d'art du xviiie siècle, un style peut-être trop ambitieux de choses impossibles, et auquel, dans une gronderie amicale, Sainte-Beuve reprochait de vouloir rendre *l'âme des paysages*, et de chercher à attraper *le mouvement dans la couleur*, un style enfin, tel quel, et qu'on peut juger diversement, mais un style arrivé à être bien un.

Au fond, la grande faiblesse du livre, veut-on la savoir ? la voici : quand nous l'avons écrit, nous n'avions pas encore la *vision directe* de l'humanité, la vision sans souvenirs et réminiscences aucunes d'une humanité apprise dans les livres. Et cette vision directe, c'est ce qui fait pour moi le romancier original.

Tous ces défauts, je suis le premier à les reconnaître, mais aussi que de manières de voir, de systèmes, d'idées en faveur, à l'heure présente, auprès de l'attention publique, commencent à prendre voix, à balbutier dans ce méchant petit volume. On y rencontre et du *déterminisme* et du *pessimisme*, et voire même du *japonisme*.

Non vraiment, on ne peut nier aux auteurs un certain flair des goûts futurs de la pensée et de l'esprit français, en incubation dans l'air. Et, pressentiment bizarre, l'héroïne de ce livre se trouve être une espionne prussienne !

Donc, après m'être longtemps refusé à la réédition de ce premier livre, sur une toute récente lecture, je me suis rendu aux aimables et pressantes instances du vaillant éditeur belge, désireux de le joindre dans sa bibliothèque aux premiers livres des *jeunes* de ce temps.

Je demande seulement comme une grâce à mon lecteur de demain, qu'au lieu et place de « *Kistemaeckers, Bruxelles*, 1884, » il veuille bien s'imaginer lire, sur la couverture du volume, le titre de la première édition :

PARIS

CHEZ DUMINERAY, ÉDITEUR,

RUE RICHELIEU, 52.
—
1851

EDMOND DE GONCOURT.

Château de Jean d'Heurs, août 84.

CHARLES DEMAILLY[1]

PRÉFACE DE LA PREMIÈRE ÉDITION

« Je dis en effet ce que je dis, et nullement ce qu'on assure que j'ai voulu dire, et je réponds encore moins de ce qu'on me fait dire, et que je ne dis point. »

LA BRUYÈRE[2].

1. Ce roman portait pour titre dans la première édition : LES HOMMES DE LETTRES.
2. E. Dentu, libraire-éditeur, 1860, un volume in-18.

RENÉE MAUPERIN

PRÉFACE DE L'ÉDITION ILLUSTRÉE [1]

Renée Mauperin, est-ce le vrai, est-ce le bon titre de ce livre ? La jeune Bourgeoisie, le titre sous lequel mon frère et moi annoncions le roman, avant qu'il fût terminé, ne définissait-il pas mieux l'analyse psychologique que nous tentions, en 1864, de la jeunesse contemporaine ? Mais à l'heure qu'il est, il est vraiment bien tard pour débaptiser le volume. Et, il m'est

---

1. Édition illustrée de dix eaux-fortes, gravées par James Tissot, un volume grand in-8°, publié chez G. Charpentier, 1875.

donné seulement aujourd'hui, de prévenir le lecteur que l'affabulation d'un roman à l'instar de tous les romans, n'est que secondaire dans cette œuvre.

Ses auteurs, en effet, ont, préférablement à tout, cherché à peindre, avec le moins d'imagination possible, *la jeune fille moderne,* telle que l'éducation artistique et garçonnière des trente dernières années l'ont faite. Les auteurs se sont préoccupés, avant tout, de montrer *le jeune homme moderne;* tel que le font au sortir du collège, depuis l'avènement du roi Louis-Philippe, la fortune des doctrinaires, le règne du parlementarisme.

EDMOND DE GONCOURT.

Ce 24 janvier 1875.

GERMINIE LACERTEUX

PRÉFACE DE LA PREMIÈRE ÉDITION [1]

Il nous faut demander pardon au public de lui donner ce livre, et l'avertir de ce qu'il y trouvera.

Le public aime les romans faux : ce roman est un roman vrai.

Il aime les livres qui font semblant d'aller dans le monde : ce livre vient de la rue.

Il aime les petites œuvres polissonnes, les mémoires de filles, les confessions

---

1. Charpentier, libraire-éditeur, 1864. 1 vol. in-18.

d'alcôves, les saletés érotiques, le scandale qui se retrousse dans une image aux devantures des libraires : ce qu'il va lire est sévère et pur. Qu'il ne s'attende point à la photographie décolletée du Plaisir : l'étude qui suit est la clinique de l'Amour.

Le public aime encore les lectures anodines et consolantes, les aventures qui finissent bien, les imaginations qui ne dérangent ni sa digestion ni sa sérénité : ce livre, avec sa triste et violente distraction, est fait pour contrarier ses habitudes et nuire à son hygiène.

Pourquoi donc l'avons-nous écrit? Est-ce simplement pour choquer le public et scandaliser ses goûts?

Non.

Vivant au XIXe siècle, dans un temps de suffrage universel, de démocratie, de libéralisme, nous nous sommes demandé si ce qu'on appelle « les basses classes » n'avait pas droit au Roman; si ce monde sous un monde, le peuple, devait rester sous le coup de l'interdit littéraire et des dédains d'auteurs, qui ont fait jusqu'ici le silence sur l'âme et le cœur qu'il peut avoir. Nous nous sommes demandé s'il y avait encore pour l'écrivain et pour le lecteur, en ces années d'égalité où nous sommes, des classes indignes, des malheurs trop bas, des drames trop mal embouchés, des catastrophes d'une terreur trop peu noble. Il nous est venu la curiosité de savoir si cette forme conventionnelle d'une littérature oubliée et d'une société disparue, la Tragédie, était définitivement morte; si dans un pays sans caste et sans aristocratie légale, les misères des petits et des pauvres parleraient à l'intérêt, à l'émotion, à la pitié, aussi haut que les misères des grands et des riches; si, en un mot, les larmes qu'on pleure en bas, pourraient faire pleurer comme celles qu'on pleure en haut.

Ces pensées nous avaient fait oser l'humble roman de Sœur Philomène, en 1861 ; elles nous font publier aujourd'hui Germinie Lacerteux.

Maintenant, que ce livre soit calomnié : peu lui importe. Aujourd'hui que le Roman s'élargit et grandit, qu'il commence à être la forme sérieuse, passionnée, vivante, de l'étude littéraire et de l'enquête sociale, qu'il devient, par l'analyse et par la recherche psychologique, l'Histoire morale contemporaine ; aujourd'hui que le Roman s'est imposé les études et les devoirs de la science, il peut en revendiquer les libertés et les franchises. Et qu'il cherche l'Art et la Vérité ; qu'il montre des misères bonnes à ne pas laisser oublier aux heureux de Paris ; qu'il fasse voir aux gens du monde ce que les dames de charité ont le courage de voir, ce que les Reines autrefois faisaient toucher de l'œil à leurs enfants dans les hospices : la souffrance humaine, présente et toute vive, qui apprend la charité; que le Roman ait cette religion que le siècle passé appelait de ce vaste et large nom : *Humanité;* — il lui suffit de cette conscience : son droit est là.

Paris, octobre 1864.

PRÉFACE DE L'ÉDITION ILLUSTRÉE[1]

22 juillet 1862. — La maladie fait, peu à peu, dans notre pauvre Rose, son travail destructeur. C'est comme une mort lente et successive des manifestations presque immatérielles qui émanaient de son corps. Sa physionomie est toute changée. Elle

1. Maison Quantin, 1886, un volume des *Chefs-d'œuvre du roman contemporain*, illustré de dix compositions par Jeanniot, gravées par Muller, petit in-4°.

n'a plus les mêmes regards, elle n'a plus les mêmes gestes ; et elle m'apparaît comme se dépouillant, chaque jour, de ce quelque chose d'humainement indéfinissable qui fait la personnalité d'un vivant. La maladie, avant de tuer quelqu'un, apporte à son corps de l'inconnu, de l'étranger, du *non lui*, en fait une espèce de nouvel être, dans lequel il faut chercher l'ancien... celui dont la silhouette animée et affectueuse n'est déjà plus.

31 *juillet*. — Le docteur Simon va me dire, tout à l'heure, si notre vieille Rose vivra ou mourra. J'attends son coup de sonnette, qui est pour moi celui d'un jury des assises rentrant en séance... « C'est fini, plus d'espoir, une question de temps. Le mal a marché bien vite. Un poumon est perdu et l'autre tout comme... » Et il faut revenir à la malade, lui verser de la sérénité avec notre sourire, lui faire espé-

rer sa convalescence dans tout l'air de nos personnes... Puis une hâte nous prend de fuir l'appartement, et cette pauvre femme. Nous sortons, nous allons au hasard dans Paris...; enfin, fatigués, nous nous attablons à une table de café. Là, nous prenons machinalement un numéro de l'ILLUSTRATION, et sous nos yeux tombe le mot du dernier rébus : *Contre la mort, il n'y a pas d'appel !*

Lundi 11 août. — La péritonite s'est mêlée à la maladie de poitrine. Elle souffre du ventre affreusement, ne peut se remuer, ne peut se tenir couchée sur le dos ou le côté gauche. La mort, ce n'est donc pas assez ! il faut encore la souffrance, la torture, comme le suprême et implacable finale des organes humains... Et elle souffre cela, la pauvre malheureuse ! dans une de ces chambres de domestiques, où le soleil, donnant sur une tabatière, fait l'air brûlant comme en une serre chaude, et où il y a si peu de place, que le médecin est obligé de poser son chapeau sur le lit... Nous avons lutté jusqu'au bout pour la garder, à la fin il a fallu se décider à la laisser partir. Elle n'a pas voulu aller à la maison Dubois, où nous nous proposions de la mettre : elle y a été voir, il y a de cela vingt-cinq ans, quand elle est entrée chez nous; elle y a été voir la nourrice d'Edmond qui y est morte, et cette maison de santé lui représente la maison où l'on meurt. J'attends Simon, qui doit lui apporter son billet d'entrée pour Lariboisière. Elle a passé presque une bonne nuit. Elle est toute prête, gaie même. Nous lui avons de notre mieux tout voilé. Elle aspire à s'en aller. Elle est pressée. Il lui semble qu'elle va guérir là. A deux heures, Simon arrive : « Voici, c'est fait... » Elle ne veut pas de brancard pour partir : « Je croirais être morte ! » a-t-elle dit. On l'habille. Aussitôt hors du lit, tout ce qu'il y avait de vie sur son visage, disparaît. C'est comme de la terre qui lui monterait sous le teint. Elle descend dans l'appartement. Assise dans la salle à manger, d'une main tremblotante et dont les doigts se cognent, elle met ses bas, sur des jambes comme des manches à balai, sur des jambes de phtisique. Puis, un long moment, elle regarde les choses avec ces yeux de mourant qui paraissent vouloir emporter le souvenir des lieux qu'ils quittent, et la porte de l'appartement, en se fermant sur elle, fait un bruit d'adieu. Elle arrive au bas de l'escalier, où elle se repose un instant sur une chaise. Le portier lui promet, en goguenardant, la santé dans six semaines. Elle incline la tête en disant un oui, un oui étouffé... Le fiacre roule. Elle se tient de la main à la portière. Je la soutiens contre l'oreiller qu'elle a derrière le dos. De ses yeux ouverts et vides, elle regarde vaguement défiler les maisons, elle ne parle plus... Arrivée à la porte de l'hôpital, elle veut descendre sans qu'on la porte : « Pouvez-vous aller jusque-là? » dit le concierge. Elle fait un signe affirmatif et marche. Je ne sais vraiment où elle a ramassé les dernières forces avec lesquelles elle va devant elle. Enfin nous voilà dans la grande salle, haute, froide, rigide et nette, où un brancard tout prêt attend au milieu. Je l'assieds dans un fauteuil de paille près d'un guichet vitré. Un jeune homme ouvre le guichet, me demande le nom, l'âge... couvre d'écritures, pendant un quart d'heure, une dizaine de feuilles de papier, qui ont en tête une image religieuse. Enfin c'est fini, je l'embrasse... Un garçon la prend sous un bras, la femme de ménage sous l'autre. Alors je n'ai plus rien vu.

Jeudi 14 août. — Nous allons à Lariboisière. Nous trouvons Rose, tranquille, espérante, parlant de sa sortie prochaine, — dans trois semaines au plus, — et si dégagée de la pensée de la mort, qu'elle nous raconte une furieuse scène d'amour qui a eu lieu hier entre une femme couchée à côté d'elle et un frère des écoles chrétiennes, qui est encore là aujourd'hui. Cette pauvre Rose est la mort, mais la mort tout occupée de la vie.

Voisine de son lit se trouve une jeune femme qu'est venu voir son mari, un ouvrier, et auquel elle dit : « Va, aussitôt que je pourrai marcher, je me promènerai tant dans le jardin, qu'ils seront bien forcés de me renvoyer ! » Et la mère ajoute : « L'enfant demande-t-il quelquefois après moi ?

— Quelquefois, comme ça », répond l'ouvrier.

Samedi 16 août. — Ce matin, à dix heures, on sonne. J'entends un colloque à la porte entre la femme de ménage et le portier. La porte s'ouvre. Le portier entre tenant une lettre. Je prends la lettre ; elle porte le timbre de Lariboisière. Rose est morte ce matin à sept heures.

Pauvre fille ! C'est donc fini ! Je savais bien qu'elle était condamnée ; mais l'avoir vue jeudi, si vivante encore, presque heureuse, gaie... Et nous voilà tous les deux marchant dans le salon avec cette pensée que fait la mort des personnes : Nous ne la reverrons plus ! — une pensée machinale et qui se répète sans cesse au dedans de vous. Quel vide ! quel trou dans notre intérieur ! Une habitude, une affection de vingt-cinq ans, une fille qui savait notre vie, ouvrait nos lettres en notre absence, à qui nous racontions nos affaires. Tout petit, j'avais joué au cerceau avec elle, et elle m'achetait, sur son argent, des chaussons aux pommes dans nos promenades. Elle attendait Edmond jusqu'au matin pour lui ouvrir la porte de l'appartement, quand il allait, en cachette de ma mère, au bal de l'Opéra... Elle était la femme, la garde-malade admirable, dont ma mère en mourant avait mis les mains dans les nôtres... Elle avait les clefs de tout, elle menait, elle faisait tout autour de nous. Depuis vingt-cinq ans, elle nous bordait tous les soirs dans nos lits, et tous les soirs c'étaient les mêmes plaisanteries sur sa laideur et la disgrâce de son physique... Chagrins, joies, elle les partageait avec nous. Elle était un de ces dévouements dont on espère la sollicitude pour vous fermer les yeux. Nos corps, dans nos maladies, dans nos malaises, étaient habitués à ses soins. Elle possédait toutes nos manies. Elle avait connu toutes nos maîtresses. C'était un morceau de notre vie, un meuble de notre appartement, une épave de notre jeunesse, je ne sais quoi de tendre et de grognon et de *veilleur* à la façon d'un chien de garde que nous avions l'habitude d'avoir à côté de nous, autour de nous, et qui semblait ne devoir finir qu'avec nous. Et jamais nous ne la reverrons! Ce qui remue dans l'appartement, ce n'est plus elle; ce qui nous dira bonjour le matin, en entrant dans notre chambre, ce ne sera plus elle! Grand déchirement, grand changement dans notre vie, et qui nous semble, je ne sais pourquoi, une de ces coupures solennelles de l'existence où, comme dit Byron, les destins changent de chevaux.

Dimanche 17 août. — Ce matin, nous devons faire toutes les tristes démarches. Il faut retourner à l'hôpital, rentrer dans cette salle d'admission, où, sur le fauteuil contre le guichet, il me semble revoir le spectre de la maigre créature que j'y ai assise, il n'y a pas huit jours. « Voulez-vous reconnaître le corps? » me jette d'une voix dure le garçon. Nous allons au fin fond de l'hôpital, à une grande porte jaunâtre sur laquelle il y a écrit en grosses lettres noires : *Amphithéâtre*. Le garçon frappe. La porte s'entr'ouvre au bout de quelque temps, et il en sort une tête de garçon boucher, le brûle-gueule à la bouche : une tête où le belluaire se mêle au fossoyeur. J'ai cru voir au Cirque l'esclave qui recevait les corps des gladiateurs, — et lui aussi reçoit les tués de ce grand cirque : la société. On nous a fait, un long moment attendre, avant d'ouvrir une autre porte, et pendant ces minutes d'attente, tout notre courage s'en est allé, comme s'en va, goutte à goutte, le sang d'un blessé s'efforçant de rester debout. L'inconnu de ce que nous allions voir, la terreur d'un spectacle vous déchirant le cœur, la recherche de ce visage au milieu d'autres corps, l'étude et la reconnaissance de ce pauvre corps, sans doute défiguré, tout cela nous a fait lâches comme des enfants.

Nous étions à bout de force, à bout de volonté, à bout de tension nerveuse, et quand la porte s'est ouverte, nous avons dit : « Nous enverrons quelqu'un », et nous nous sommes sauvés... De là nous sommes allés à la mairie, roulés dans un fiacre qui nous cahotait et nous secouait la tête, comme une chose vide. Et je ne sais quelle horreur nous est venue de cette mort d'hôpital qui semble n'être qu'une formalité administrative. On dirait que dans ce phalanstère d'agonie, tout est si bien administré, réglé, ordonnancé, que la Mort y ouvre comme un bureau.

Pendant que nous étions à faire inscrire le décès, — que de papier, mon Dieu, griffonné et paraphé pour une mort de pauvre! — de la pièce à côté un homme s'est élancé, joyeux, exultant, pour voir sur l'almanach, accroché au mur, le nom du saint du jour et le donner à son enfant. En passant, la basque de la redingote de l'heureux père frôle et balaye la feuille de papier, où l'on inscrit la morte.

Revenus chez nous, il a fallu regarder dans ses papiers, faire ramasser ses hardes, démêler l'entassement des choses, des fioles, des linges que fait la maladie... remuer de la mort enfin. Ç'a été affreux de rentrer dans cette mansarde où il y avait encore, dans le creux du lit entr'ouvert, les miettes de pain de son repas. J'ai jeté la couverture sur le traversin, comme un drap sur l'ombre d'un mort.

Lundi 18 août. — ... La chapelle est à côté de l'amphithéâtre. A l'hôpital, Dieu et le cadavre voisinent. A la messe dite pour la pauvre femme, à côté de sa bière, on en range deux ou trois autres qui bénéficient du service. Il y a je ne sais quelle répugnante promiscuité de salut dans cette adjonction : c'est la fosse commune de la prière... Derrière moi, à la chapelle, pleure la nièce de Rose, la petite qu'elle a eue un moment chez nous, et qui est maintenant une jeune fille de dix-neuf ans, élevée chez les sœurs de Saint-Laurent : pauvre petite fillette étiolée, pâlotte, rachitique, nouée de misère, la tête trop grosse pour le corps, le torse déjeté, l'air d'une Mayeux, triste reste de toute cette famille poitrinaire attendue par la Mort et dès maintenant touchée par elle, — avec, en ses doux yeux, déjà une lueur d'outre-vie.

Puis, de la chapelle, au fond du cimetière Montmartre, élargi comme une nécropole et prenant un quartier de la ville, une marche à pas lents et qui n'en finit pas dans la boue... Enfin les psalmodies des prêtres, et le cercueil, que les bras des fossoyeurs laissent glisser avec effort, au bout de cordes, comme une pièce de vin qu'on descend à la cave.

Mercredi 20 août. — Il me faut encore

retourner à l'hôpital. Car entre la visite, que j'ai faite à Rose le jeudi, et sa brusque mort, un jour après, il y a pour moi un inconnu que je repousse de ma pensée, mais qui revient toujours en moi : l'inconnu de cette agonie dont je ne sais rien, de cette fin si soudaine. Je veux savoir et je crains d'apprendre. Il ne me paraît pas qu'elle soit morte ; j'ai seulement d'elle le sentiment d'une personne disparue. Mon imagination va à ses dernières heures, les cherche à tâtons, les reconstruit dans la nuit, et elles me tourmentent de leur horreur voilée, ces heures !... j'ai besoin d'être fixé. Enfin, ce matin, je prends mon courage à deux mains. Et je revois l'hôpital, et je revois le concierge rougeaud, obèse, puant la vie comme on pue le vin ; et je revois ces corridors où de la lumière du matin tombe sur la pâleur de convalescentes souriantes...

Dans un coin reculé, je sonne à une porte aux petits rideaux blancs. On ouvre et je me trouve dans un parloir, où, entre deux fenêtres, une Vierge est posée sur une sorte d'autel. Aux murs de la pièce exposée au nord, de la pièce froide et nue, il y a, je ne m'explique pas pourquoi, deux vues du Vésuve encadrées, de malheureuses gouaches, qui semblent, là toutes frissonnantes et toutes dépaysées. Par une porte ouverte derrière moi, d'une petite pièce où le soleil donne en plein, il m'arrive des caquetages de sœurs et d'enfants, de jeunes joies, de bons petits éclats de rire, toutes sortes de notes et de vocalisations fraîches : un bruit de volière ensoleillée... Des sœurs en blanc, à coiffe noire, passent et repassent ; une s'arrête devant ma chaise. Elle est petite, mal venue, avec une figure laide et tendre, une pauvre figure à la grâce de Dieu. C'est la mère de la salle Saint-Joseph. Elle me raconte comment Rose est morte, ne souffrant pour ainsi dire plus, se trouvant mieux, presque bien, toute remplie de soulagement et d'espérance. Le matin, son lit refait, sans se voir du tout mourir, soudainement elle s'en est allée dans un vomissement de sang qui a duré quelques secondes. Je suis sorti de là, rasséréné, délivré de l'horrible pensée qu'elle avait eu l'avant-goût de la mort, la terreur de son approche.

Jeudi 21 *août*. — . . . .
. . . .

... Au milieu du dîner rendu tout triste par la causerie qui va et revient sur la morte, Maria, qui est venue dîner ce soir, après deux ou trois coups nerveux du bout de ses doigts sur le crêpage de ses blonds cheveux bouffants, s'écrie : « Mes amis, tant que la pauvre fille a vécu, j'ai gardé le secret professionnel de mon métier... Mais maintenant qu'elle est en terre, il faut que vous sachiez la vérité. »

Et nous apprenons sur la malheureuse des choses qui nous coupent l'appétit, en nous mettant dans la bouche l'amertume acide d'un fruit coupé avec un couteau d'acier. Et toute une existence inconnue, odieuse, répugnante, lamentable, nous est révélée. Les billets qu'elle a signés, les dettes qu'elle a laissées chez tous les fournisseurs, ont le dessous le plus imprévu, le plus surprenant, le plus incroyable. Elle entretenait des hommes, le fils de la crémière, auquel elle a meublé une chambre, un autre auquel elle portait notre vin, des poulets, de la victuaille... Une vie secrète d'orgies nocturnes, de découchages, de fureurs utérines qui faisaient dire à ses amants : « Nous y resterons, elle ou moi ! » Une passion, des passions à la fois de toute la tête, de tout le cœur, de tous les sens, et où se mêlaient toutes les maladies de la misérable fille, la phtisie qui apporte de la fureur à la jouissance, l'hystérie, un com-

mencement de folie. Elle a eu avec le fils
de la crémière deux enfants, dont l'un a
vécu six mois. Il y a quelques années,
quand elle nous a dit qu'elle allait dans son
pays, c'était pour accoucher. Et à l'égard
de ces hommes, c'était une ardeur si ex-
travagante, si maladive, si démente, qu'elle
— l'honnêteté en personne autrefois —
nous volait, nous prenait des pièces de
vingt francs sur des rouleaux de cent
francs, pour que les amoureux qu'elle
payait, ne la quittassent pas. Or, après ces
malhonnêtes actions involontaires, ces petits crimes arrachés à sa droite nature, elle
s'enfonçait en de tels reproches, en de tels
remords, en de telles tristesses, en de tels
noirs de l'âme, que dans cet enfer, où elle
roulait de fautes en fautes, désespérée et
inassouvie, elle s'était mise à boire pour
échapper à elle-même, se sauver du présent,
se noyer et sombrer quelques heures dans
ces sommeils, dans ces torpeurs léthargi-

4.

ques qui la vautraient toute une journée en travers d'un lit, sur lequel elle échouait en le faisant. La malheureuse ! que de prédispositions et de motifs et de raisons, elle trouvait en elle pour se dévorer et saigner en dedans : d'abord le repoussement par moments d'idées religieuses avec les terreurs d'un enfer de feu et de soufre ; puis la jalousie, cette jalousie toute particulière qui, à propos de tout et de tous, empoisonnait sa vie ; puis, puis... puis le dégoût que les hommes, au bout de quelque temps, lui témoignaient brutalement pour sa laideur, et qui la poussait de plus en plus à la boisson, l'amenait un jour à faire une fausse couche, en tombant ivre-morte sur le parquet. Cet affreux déchirement du voile que nous avions devant les yeux, c'est comme l'autopsie d'une poche pleine d'horribles choses dans une morte tout à coup ouverte... Par ce qui nous est dit, j'entrevois soudainement tout ce qu'elle a dû souffrir depuis dix ans : et les craintes près de nous d'une lettre anonyme, d'une dénonciation de fournisseur, et la trépidation continuelle à propos de l'argent qu'on lui réclamait et qu'elle ne pouvait rendre, et la honte éprouvée par l'orgueilleuse créature pervertie, en cet abominable quartier Saint-Georges, à la suite de ses fréquentations avec de basses gens qu'elle méprisait, et la vue douloureuse de la sénilité prématurée que lui apportait l'ivrognerie, et les exigences et les duretés inhumaines des maquereaux du ruisseau, et les tentations de suicide qui me la faisaient un jour retirer d'une fenêtre, où elle était complètement penchée en dehors... et enfin toutes ces larmes que nous croyions sans causes ; — cela mêlé à une tendresse d'entrailles très profonde pour nous, à un dévouement, comme pris de fièvre, dans les maladies de l'un ou de l'autre.

Et chez cette femme, une énergie de caractère, une force de volonté, un art du mystère auxquels rien ne peut être comparé. Oui, oui, une fermeture de tous ces affreux secrets, cachés et renfoncés en elle, sans une échappade à nos yeux, à nos oreilles, à nos sens d'observateur, même dans ses attaques de nerfs, où rien ne sortait d'elle que des gémissements : un mystère continué jusqu'à la mort et qu'elle devait croire enterré avec elle.

Et de quoi est-elle morte ? d'avoir été, il y a de cela huit mois, en hiver, par la pluie, guetter toute une nuit, à Montmartre, le fils de la crémière qui l'avait chassée, pour savoir par quelle femme il l'avait remplacée : toute une nuit passée contre la fenêtre d'un rez-de-chaussée, et dont elle avait rapporté ses effets trempés jusqu'aux os avec une pleurésie mortelle !

Pauvre créature, nous lui pardonnons, et même une grande commisération nous vient pour elle, en nous rendant compte de tout ce qu'elle a souffert... Mais, pour la vie, il est entré en nous la défiance du sexe entier de la femme, et de la femme de bas en haut comme de la femme de haut en bas. Une épouvante nous a pris du double fond de son âme, de la faculté puissante, de la science, du génie consommé, que tout son être a du mensonge...

Ces notes, je les extrais de notre journal : JOURNAL DES GONCOURT (*Mémoires de la vie littéraire*); elles sont l'embryon documentaire sur lequel, deux ans après, mon frère et moi composions GERMINIE LACERTEUX, étudiée et montrée par nous en service chez notre vieille cousine, Mlle de Courmont, dont nous écrivions une biographie véridique à la façon d'une biographie d'histoire moderne.

EDMOND DE GONCOURT.

Auteuil, avril 1886.

LA FILLE ÉLISA

PRÉFACE DE LA PREMIÈRE ÉDITION [1]

Mon frère et moi, il y a treize ans, nous écrivions en tête de GERMINIE LACERTEUX :

Aujourd'hui que le roman s'élargit et grandit, qu'il commence à être la grande forme sérieuse, passionnée, vivante de l'étude littéraire et de l'enquête sociale, qu'il devient par l'analyse et la recherche psychologique l'Histoire morale contemporaine ; aujourd'hui que le roman s'est imposé les études et les devoirs de la science, il peut en revendiquer les libertés et les franchises.

En 1877, ces libertés et ces franchises,

[1]. G. Charpentier, 1877. 1 vol. in-18.

je viens seul, et une dernière fois peut-être, les réclamer hautement et bravement pour ce nouveau livre, écrit dans le même sentiment de curiosité intellectuelle et de commisération pour les misères humaines.

Ce livre, j'ai la conscience de l'avoir fait austère et chaste, sans que jamais la page échappée à la nature délicate et brûlante de mon sujet, apporte autre chose à l'esprit de mon lecteur qu'une méditation triste. Mais il m'a été impossible parfois de ne pas parler comme un médecin, comme un savant, comme un historien. Il serait vraiment injurieux pour nous, la jeune et sérieuse école du roman moderne, de nous défendre de penser, d'analyser, de décrire tout ce qu'il est permis aux autres de mettre dans un volume qui porte sur sa couverture : *Étude* ou tout autre intitulé grave. On ne peut, à l'heure qu'il est, vraiment plus condamner le genre à être l'amusement des jeunes demoiselles en chemin de fer. Nous avons acquis depuis le commencement du siècle, il me semble, le droit d'écrire pour les hommes faits, sinon s'imposerait à nous la douloureuse nécessité de recourir aux presses étrangères, et d'avoir comme sous Louis XIV et sous Louis XV, en plein régime républicain de la France, nos éditeurs de Hollande.

Les romans, à l'heure présente, sont remplis des faits et gestes de la prostitution *clandestine,* graciés et pardonnés dans une prose galante et parfois polissonne. Il n'est question dans les volumes florissant aux étalages que des amours vénales de dames aux Camélias, de lorettes, de filles d'amour en contravention et en rupture de ban avec la police des mœurs, et il y aurait un danger à dessiner une sévère monographie de la prostituée *non clandestine,* et l'immoralité de l'auteur, remarquez-le, grandirait en raison de l'abaissement du tarif du vice? Non, je ne puis le croire !

Mais la prostitution et la prostituée, ce n'est qu'un épisode, — la prison et la prisonnière : voilà l'intérêt de mon livre.

Ici, je ne me cache pas d'avoir, au moyen du plaidoyer permis du roman, tenté de toucher, de remuer, de donner à réfléchir. Oui! cette pénalité du *silence continu*, ce perfectionnement pénitentiaire, auquel l'Europe n'a pas osé cependant emprunter ses coups de fouet sur les épaules nues de la femme, cette torture sèche, ce châtiment hypocrite allant au delà de la peine édictée par les magistrats et tuant pour toujours la raison de la femme condamnée à un nombre limité d'années de prison, ce régime américain et non français, ce système Auburn, j'ai travaillé à le combattre avec un peu de l'encre indignée qui, au xviiie siècle, a fait rayer la torture de notre ancien droit criminel. Et mon ambition, je l'avoue, serait que mon livre donnât la curiosité de lire les travaux sur la *folie péniten-*

tiaire[1], amenât à rechercher le chiffre des *imbéciles* qui existent aujourd'hui dans les prisons de Clermont, de Montpellier, de Cadillac, de Doullens, de Rennes, d'Auberive ; fît, en dernier ressort, examiner et juger la belle illusion de l'amendement moral par le silence ; que mon livre enfin eût l'art de parler au cœur et à l'émotion de nos législateurs.

1. Rapports des docteurs Lélut et Baillarger dans la *Revue pénitentiaire*, t. II, 1845. — Exemples de folie pénitentiaire aux États-Unis, cités par le *Dictionnaire de la politique*, de Maurice Block.

Décembre 1876.

LES FRÈRES ZEMGANNO

PRÉFACE[1]

On peut publier des Assommoir et des Germinie Lacerteux, et agiter et remuer et passionner une partie du public. Oui ! mais, pour moi, les succès de ces livres ne sont que de brillants combats d'avant-garde, et la grande bataille qui décidera de la victoire du réalisme, du naturalisme, de l'*étude d'après nature* en littérature, ne se livrera pas sur le terrain que les auteurs de ces deux romans ont choisi. Le jour où

1. Charpentier, 1879, 1 vol. in-18.

l'analyse cruelle que mon ami, M. Zola, et peut-être moi-même, avons apportée dans le peinture du bas de la société, sera reprise par un écrivain de talent, et employée à la reproduction des hommes et des femmes du monde, dans des milieux d'éducation et de distinction, — ce jour là seulement, le classicisme et sa queue seront tués.

Ce roman réaliste de l'élégance, ça avait été notre ambition à mon frère et à moi de l'écrire. Le Réalisme, pour user du mot bête, du mot drapeau, n'a pas en effet l'unique mission de décrire ce qui est bas, ce qui est répugnant, ce qui pue ; il est venu au monde aussi, lui, pour définir, dans de l'écriture *artiste,* ce qui est élevé, ce qui est joli, ce qui sent bon, et encore pour donner les aspects et les profils des êtres raffinés et des choses riches : mais cela, en une étude appliquée, rigoureuse et non conventionnelle et non imaginative de la beauté, une étude pareille à celle que la nouvelle école vient de faire, en ces dernières années, de la laideur.

Mais pourquoi, me dira-t-on, ne l'avez-vous pas fait, ce roman? ne l'avez-vous pas au moins tenté. Ah! voilà... Nous avons commencé, nous, par la canaille, parce que la femme et l'homme du peuple, plus rapprochés de la nature et de la sauvagerie, sont des créatures simples et peu compliquées, tandis que le Parisien et la Parisienne de la société, ces civilisés excessifs, dont l'originalité tranchée est faite toute de nuances, toute de demi-teintes, toute de ces riens insaisissables, pareils aux riens coquets et neutres avec lesquels se façonne le caractère d'une toilette distinguée de femme, demandent des années pour qu'on les perce, pour qu'on les sache, pour qu'on les *attrape*, — et le romancier du plus grand génie, croyez-le bien, ne les devinera jamais, ces gens de salon, avec les *racontars* d'amis qui vont pour lui à la découverte dans le monde.

Puis autour de ce Parisien, de cette Parisienne, tout est long, difficile, diplomatiquement laborieux à saisir. L'intérieur d'un ouvrier, d'une ouvrière, un observateur l'emporte en une visite ; un salon parisien, il faut user la soie de ses fauteuils pour en surprendre l'âme, et confesser à fond son palissandre ou son bois doré.

Donc ces hommes, ces femmes et même les milieux dans lesquels ils vivent, ne peuvent se rendre qu'au moyen d'immenses emmagasinements d'observations, d'innombrables notes prises à coups de lorgnon, de l'amassement d'une collection de *documents humains,* semblable à ces montagnes de calepins de poche qui représentent, à la mort d'un peintre, tous les croquis de sa vie. Car seuls, disons-le bien haut, les documents humains font les bons livres : les livres où il y a de la vraie humanité sur ses jambes.

Ce projet de roman qui devait se passer dans le grand monde, dans le monde le plus quintessencié, et dont nous rassemblions lentement et minutieusement les éléments délicats et fugaces, je l'abandonnais après la mort de mon frère, convaincu de l'impossibilité de le réussir tout seul... puis je le reprenais... et ce sera le premier roman que je veux publier. Mais le ferai-je maintenant à mon âge ? c'est peu probable... et cette préface a pour but de dire aux jeunes que le succès du réalisme est là, seulement là, et non plus dans le *canaille littéraire*, épuisé à l'heure qu'il est, par leurs devanciers.

Quant aux FRÈRES ZEMGANNO, le roman que je publie aujourd'hui : c'est une tentative dans une réalité poétique[1]. Les lec-

---

1. A propos de la réalité que j'ai mise autour de ma fabulation, je tiens à remercier hautement M. Vic-

teurs se plaignent des dures émotions que les écrivains contemporains leur apportent avec leur réalité brutale ; ils ne se doutent guère que ceux qui fabriquent cette réalité en souffrent bien autrement qu'eux, et que quelquefois ils restent malades, nerveusement, pendant plusieurs semaines, du livre péniblement et douloureusement enfanté. Eh bien ! cette année, je me suis trouvé dans une de ces heures de la vie, vieillissantes, maladives, lâches devant le travail poignant et angoisseux de mes autres livres, en un état de l'âme où la vérité trop vraie m'était antipathique à moi aussi ! — et j'ai fait cette fois de l'imagination dans du rêve mêlé à du souvenir.

tor Franconi, M. Léon Sari, et les frères Hanlon-Lee qui ne sont pas seulement les souples gymnastes que tout Paris applaudit, mais qui raisonnent encore de leur art comme des savants et des artistes.

EDMOND DE GONCOURT.

23 mars 1879.

LA FAUSTIN

PRÉFACE DE LA PREMIÈRE ÉDITION[1]

Aujourd'hui, lorsqu'un historien se prépare à écrire un livre sur une femme du passé, il fait appel à tous les détenteurs de l'intime de la vie de cette femme, à tous les possesseurs de petits morceaux de papier, où se trouve raconté un peu de l'histoire de l'âme de la morte.

Pourquoi, à l'heure actuelle, un romancier (qui n'est au fond qu'un historien des gens qui n'ont pas d'histoire), pourquoi ne

1. G. Charpentier, éditeur, 1882. 1 volume in-18.

se servirait-il pas de cette méthode, en ne recourant plus à d'incomplets fragments de lettres et de journaux, mais en s'adressant à des souvenirs vivants, peut-être tout prêts à venir à lui? Je m'explique : je veux faire un roman qui sera simplement une étude psychologique et physiologique de jeune fille, grandie et élevée dans la serre chaude d'une capitale, un roman bâti sur des *documents humains*[1]. Eh bien, au moment de me mettre à ce travail, je trouve que les livres écrits sur les femmes par les hommes, manquent, manquent... de la collaboration féminine, — et je serais désireux de l'avoir, cette collaboration, et non pas d'une seule femme, mais d'un très grand nombre. Oui, j'aurais l'ambition de

---

1. Cette expression, très blaguée dans le moment, j'en réclame la paternité, la regardant, cette expression, comme la formule définissant le mieux et le plus significativement le mode nouveau de travail de l'école qui a succédé au romantisme : l'école du *document humain*.

composer mon roman, avec un rien de
l'aide et de la confiance des femmes, qui
me font l'honneur de me lire. D'aventures,
il est bien entendu que je n'en ai nul besoin; mais les impressions de petite fille
et de toute petite fille, mais des détails
sur l'éveil simultané de l'intelligence et de
la coquetterie, mais des confidences sur
l'être nouveau créé chez l'adolescente par
la première communion, mais des aveux
sur les perversions de la musique, mais
des épanchements sur les sensations d'une
jeune fille, les premières fois qu'elle va
dans le monde, mais des analyses d'un sentiment dans de l'amour qui s'ignore, mais
le dévoilement d'émotions délicates et de
pudeurs raffinées, enfin, toute l'inconnue
féminilité du tréfonds de la femme, que les
maris et même les amants passent leur
vie à ignorer... voilà ce que je demande.

Et je m'adresse à mes lectrices de tous
les pays, réclamant d'elles, en ces heures

vides de désœuvrement, où le passé remonte en elles, dans de la tristesse ou du bonheur, de mettre sur du papier un peu de leur pensée en train de se ressouvenir, et cela fait, de le jeter anonymement à l'adresse de mon éditeur.

EDMOND DE GONCOURT.

Auteuil, 15 octobre 1881.

CHÉRIE

PRÉFACE DE LA PREMIÈRE ÉDITION[1]

Voici le roman que j'annonçais dans l'introduction de LA FAUSTIN, et auquel je travaille depuis deux ans.

C'est une monographie de jeune fille, observée dans le milieu des élégances de la richesse, du pouvoir, de la suprême bonne compagnie, une étude de jeune fille du monde officiel sous le second Empire.

Pour le livre que je rêvais, il eût peut-être été préférable d'avoir pour modèle

---

1. G. Charpentier et Cie, éditeurs, 1884. 1 vol. in-18.

une jeune fille du faubourg Saint-Germain, dont l'affinement et les sélections de race, les traditions de famille, les aristocratiques relations, l'air ambiant même du faubourg qu'elle habite, auraient doté mon roman d'un type à la distinction plus profondément ancrée dans les veines, à la distinction perfectionnée par plusieurs générations. Mais cette jeune fille était à peindre par Balzac, aux temps de la Restauration ou du règne de Louis-Philippe, — et plus en ces années, où le monde légitimiste n'appartient presque pas, on peut le dire, à la vie vivante du siècle.

Ce roman de CHÉRIE a été écrit avec les recherches qu'on met à la composition d'un livre d'histoire, et je crois pouvoir avancer qu'il est peu de livres sur la femme, sur l'intime *féminilité* de son être depuis l'enfance jusqu'à ses vingt ans, peu de livres fabriqués avec autant de causeries, de confidences, de confessions féminines : bonnes fortunes littéraires arrivant, hélas! aux romanciers qui ont soixante ans sonnés.

Je me suis appliqué à rendre le joli et le distingué de mon sujet et j'ai travaillé à créer de la *réalité élégante;* toutefois — et là était peut-être le gros succès, — je n'ai pu me résoudre à faire de ma jeune fille l'individu non humain, la créature insexuelle, abstraite, mensongèrement idéale des romans *chic* d'hier et d'aujourd'hui.

On trouvera bien certainement la fabulation de CHÉRIE manquant d'incidents, de péripéties, d'intrigue. Pour mon compte, je trouve qu'il y en a encore trop. S'il m'était donné de redevenir plus jeune de quelques années, je voudrais faire des romans sans plus de complications que la plupart des drames intimes de l'existence, des amours finissant sans plus de suicides que les amours que nous avons tous traversés ; et la mort, cette mort que j'emploie volontiers pour le dénouement de mes romans, de celui-ci comme des autres, quoiqu'un peu plus *comme il faut* que le mariage, je la rejetterais de mes livres, ainsi qu'un moyen théâtral d'un emploi méprisable dans de la haute littérature. Oui, je crois, — et ici, je parle pour moi bien tout seul, — je crois que l'aventure, la machination *livresque* a été épuisée par Soulié, par Sue, par les grands imaginateurs du commencement du siècle, et ma pensée est que la dernière évolution du roman, pour arriver à devenir tout à fait le grand livre des temps modernes, c'est de se faire un livre de pure analyse : livre pour lequel — je l'ai cherchée sans réussite — un *jeune* trouvera peut-être, quelque jour, une nouvelle dénomination, une dénomination autre que celle de roman.

Et à propos du roman sans péripéties, sans intrigue, sans bas amusement, tranchons le mot, qu'on ne me jette pas à la

tête le goût du public! Le public... trois
ou quatre hommes, pas plus, tous les trente
ans, lui retournent ses catéchismes du
beau, lui changent, du tout au tout, ses
goûts de littérature et d'art, et font adorer
à la génération qui s'élève ce que la génération précédente réputait exécrable. Aujourd'hui la reconnaissance générale de
Hugo et Delacroix n'est-elle pas la négation
absolue de la religion littéraire et picturale
de la Restauration, et n'y a-t-il pas, en ce
moment, des symptômes naissants de
reconnaissances d'écoles qui seront à leur
tour la négation de ce qui règne à peu
près souverainement encore? Le public
n'estime et ne reconnaît à la longue que
ceux qui l'ont scandalisé tout d'abord, les
apporteurs de neuf, les révolutionnaires
du livre et du tableau, — les messieurs
enfin, qui, dans la marche et le renouvellement incessants et universels des
choses du monde, osent contrarier l'im-

muabilité paresseuse de ses opinions toutes faites.

Arrivons maintenant pour moi à la grave question du moment. Dans la presse, en ces derniers temps, s'est produite une certaine opinion s'élevant contre l'effort d'écrire, opinion qui a amené un ébranlement dans quelques convictions mal affermies de notre petit monde. Quoi! nous les romanciers, les ouvriers du genre littéraire triomphant au XIXe siècle, nous renoncerions à ce qui a été la marque de fabrique de tous les vrais écrivains de tous les temps et de tous les pays, nous perdrions l'ambition d'avoir une langue rendant nos idées, nos sensations, nos figurations des hommes et des choses, d'une façon distincte de celui-ci ou de celui-là, une langue personnelle, une langue portant notre signature, et nous descendrions à parler le langage *omnibus* des faits divers!

Non, le romancier, qui a le désir de se

survivre, continuera à s'efforcer de mettre dans sa prose de la poésie, continuera à vouloir un rythme et une cadence pour ses périodes, continuera à rechercher l'image peinte, continuera à courir après l'épithète rare, continuera, selon la rédaction d'un délicat styliste de ce siècle, à combiner dans une expression le *trop* et l'*assez*, continuera à ne pas se refuser un tour pouvant faire de la peine aux ombres de MM. Noël et Chapsal, mais lui paraissant apporter de la vie à sa phrase, continuera à ne pas rejeter un vocable comblant un trou parmi les rares mots admis à monter dans les carrosses de l'Académie, commettra enfin, mon Dieu, oui! un néologisme, — et cela, dans la grande indignation de critiques ignorant absolument que :

1. La langue française, d'après le dictionnaire de l'Académie, est peut-être, de toutes les langues des peuples civilisés du monde, la langue possédant le plus petit nombre de mots.

suer à grosses gouttes, prendre à tâche, tourner la cervelle, chercher chicane, avoir l'air *consterné,* etc., etc., et presque toutes les locutions qu'ils emploient journellement, étaient d'abominables néologismes en l'année 1759.

Puis toujours, toujours, ce romancier écrira en vue de ceux qui ont le goût le plus précieux, le plus raffiné de la prose française, et de la prose française de l'heure actuelle, et toujours il s'appliquera à mettre dans ce qu'il écrit cet indéfinissable exquis et charmeur, que la plus intelligente traduction ne peut jamais faire passer dans une autre langue.

Quant à écrire, selon la recommandation de mon ami, M. Taine, en faveur du Suédois ou du Canadien[1], qui sait aux trois quarts le français ou l'a oublié à moitié, je ne ferai pas à cette théorie

---

1. Lettre de M. Taine, publiée dans l'ÉVÉNEMENT du 7 octobre 1883.

l'honneur de la discuter. Joubert, l'auteur des Pensées, n'avait pas cette servile préoccupation du suffrage universel en matière de style, quand il adjurait Mme de Beaumont de recommander à Chateaubriand « de garder avec soin les singularités qui lui étaient propres » et « de se montrer constamment ce que Dieu l'avait fait », corroborant ce brave conseil par cette curieuse phrase : « Les étrangers... ne trouveront que frappant, ce que les habitudes de notre langue nous portent machinalement à croire bizarre dans le premier moment. » Et parmi le déchaînement de la critique, c'est encore Joubert, qui engage l'écrivain, attaqué dans les modernités de sa prose nouvelle, à persister *à chanter son propre ramage*[1]..

---

[1]. Chateaubriand et son groupe littéraire, par Sainte-Beuve, qui jette en note, au bas de mes citations : « La nouveauté, une nouveauté originale, c'est là, le point important et le secret des grands succès. »

Répétons-le, le jour où n'existera plus chez le lettré l'effort d'écrire, et l'effort d'écrire personnellement, on peut être sûr d'avance que le reportage aura succédé en France à la littérature. Tâchons donc d'écrire médiocrement, d'écrire mal, même plutôt que ne pas écrire du tout; mais qu'il soit bien entendu qu'il n'existe pas un patron de style unique, ainsi que l'enseignent les professeurs de l'*éternel beau*, mais que le style de La Bruyère, le style de Bossuet, le style de Saint-Simon, le style de Bernardin de Saint-Pierre, le style de Diderot, tout divers et dissemblables qu'ils soient, sont des styles d'égale valeur, des styles d'écrivains parfaits.

Et peut-être l'espèce d'hésitation du monde lettré à accorder à Balzac la place due à l'immense grand homme, vient-elle de ce qu'il n'est point un écrivain qui ait un style personnel?

Que mon lecteur me permette aujourd'hui d'être un peu plus long que d'habitude, cette préface étant la préface de mon dernier livre, une sorte de testament littéraire.

Il y a aujourd'hui plus de trente ans que je lutte, que je peine, que je combats, et pendant nombre d'années, nous étions, mon frère et moi, tout seuls, sous les coups de tout le monde. Je suis fatigué, j'en ai assez, je laisse la place aux autres.

Je crois aussi qu'il ne faut pas s'attarder dans la littérature d'imagination, au delà de certaines années, et qu'il est sage de prématurément choisir son heure pour en sortir.

Enfin, j'ai besoin de relire nos confessions, notre livre préféré entre tous, un journal de notre double vie, commencé le jour de l'entrée en littérature des deux frères et ayant pour titre : JOURNAL DE LA VIE LITTÉRAIRE (1851-188.), journal qui ne doit paraître que vingt ans après ma mort.

Et devant le menaçant avenir promis par le pétrole et la dynamite aux choses secrètes léguées à la postérité, je donne aujourd'hui la préface de ce journal[1]. S'il vient à périr, ce sera toujours ça au moins de sauvé.

. . . .

Maintenant toi, petite CHÉRIE, toi, pauvre dernier volume du dernier des Goncourt, va où sont allés tous tes aînés, depuis LES HOMMES DE LETTRES jusqu'à LA FAUSTIN, va t'exposer aux mépris, aux dédains, aux ironies, aux injures, aux insultes, dont le labeur obstiné de ton auteur, sa vieillesse, les tristesses de sa vie solitaire ne le défendaient pas encore hier, et qui cependant lui laissent entière, malgré tout et tous, une confiance à la Stendhal dans le siècle qui va venir.

1. Voir cette préface à l'autobiographie JOURNAL DES GONCOURT, *Mémoires de la vie littéraire.*

Deux ou trois mois avant la mort de mon frère, à la sortie de l'établissement hydrothérapique de Beni-Barde, tous deux nous faisions notre promenade de tous les matins, au soleil, dans une certaine allée du bois de Boulogne, où je ne repasse plus, — une promenade silencieuse, comme il s'en fait, en ces moments de la vie, entre gens qui s'aiment et se cachent l'un à l'autre leur triste pensée fixe.

Tout à coup brusquement mon frère s'arrêta, et me dit :

« Ça ne fait rien, vois-tu, on nous niera tant qu'on voudra... il faudra bien reconnaître un jour que nous avons fait GERMINIE LACERTEUX... et que « Germinie Lacerteux » est le livre-type qui a servi de modèle à tout ce qui a été fabriqué depuis nous, sous le nom de réalisme, naturalisme, etc. Et d'un !

« Maintenant par les écrits, par la parole, par les achats... qu'est-ce qui a imposé à la génération aux commodes d'acajou, le goût de l'art et du mobilier du xviii° siècle?... Où est celui qui osera dire que ce n'est pas nous? Et de deux !

« Enfin cette description d'un salon parisien meublé de japonaiseries, publiée dans notre premier roman, dans notre roman d'EN 18.., paru en 1851... oui, en 1851... — qu'on me montre les japonisants de ce temps-là... — Et nos acquisitions de bronzes et de laques de ces années chez Mallinet et un peu plus tard chez Mme Desoye... et la découverte en 1860, à la *Porte Chinoise*, du premier album japonais connu à Paris... connu au moins du monde des littérateurs et des peintres... et les pages consacrées aux choses du Japon dans MANETTE SALOMON, dans IDÉES ET SENSATIONS... ne font-ils pas de nous les premiers propagateurs de cet art... de cet art en train, sans qu'on s'en doute, de révolutionner l'optique des peuples occidentaux? Et de trois !

« Or la recherche du *vrai* en littérature, la résurrection de l'art du xviii° siècle, la victoire du japonisme : ce sont, sais-tu, — ajouta-t-il après un silence, et avec un réveil de la vie intelligente dans l'œil, — ce sont les trois grands mouvements littéraires et artistiques de la seconde moitié du xix° siècle... et nous les aurons menés, ces trois mouvements... nous pauvres obscurs. Eh bien ! quand on a fait cela... c'est vraiment difficile de n'être pas *quelqu'un* dans l'avenir. »

Et, ma foi, le promeneur mourant de l'allée du bois de Boulogne pourrait peut-être avoir raison.

EDMOND DE GONCOURT.

QUELQUES

CRÉATURES DE CE TEMPS

———

PRÉFACE DE LA SECONDE ÉDITION

Ce livre, publié à très petit nombre, et épuisé depuis des années, a paru portant sur sa couverture : Une voiture de masques. Je réédite ce livre aujourd'hui sous un titre qui me semble mieux le nommer.

Ce volume complète l'OEuvre d'imagination des deux frères. Il montre, lors de notre début littéraire, la tendance de nos esprits à déjà introduire dans l'invention la réalité du *document humain*, à faire entrer dans le roman, un peu de cette histoire individuelle qui, dans l'Histoire, n'a pas d'historien.

EDMOND DE GONCOURT.

Août 1876.

THÉATRE

HENRIETTE MARÉCHAL

HISTOIRE DE LA PIÈCE

QUI A SERVI DE
PRÉFACE A LA PREMIÈRE ÉDITION [1]

Voici une pièce qui excite bien des passions, bien des colères et bien des haines.

Nous allons raconter son histoire. Et cette histoire restera une page curieuse et instructive de l'histoire littéraire de ce temps-ci.

Nous demandons pardon au public de

---

[1]. Librairie internationale A. Lacroix, Verboeckhoven et Cie, 1866. 1 volume in-8°.

lui parler de nous : notre excuse est de ne lui en avoir jamais parlé jusqu'ici.

Nous terminions, au mois de décembre 1863[1], le drame intitulé Henriette Maréchal; et vers la fin de janvier 1864, nous le présentions à M. de Beaufort, alors directeur du Vaudeville. Dans le mois de juin ou de juillet, M. de Beaufort nous le rendait, en nous disant, de premier mot, très nettement, qu'il était impossible. Nous essayions de faire valoir auprès de lui la nouveauté au théâtre de l'acte de l'Opéra; il nous répondait que cela avait été fait par tout le monde. Nous lui demandions s'il ne croyait pas notre pièce, telle qu'elle était, appelée à plus de représentations que la pièce qu'il avait jouée cette semaine-là, et qui était morte au bout de trois soirées : il nous laissait en-

---

1. Nous appelons l'attention du public sur cette date, qui a son importance pour l'originalité de notre pièce.

tendre, d'ailleurs très poliment, qu'il ne le croyait pas. Sur ce refus, nous jetions, assez découragés, notre pièce dans un tiroir, nous promettant de revenir plus tard à la scène par le roman, et de ne plus frapper à la porte d'un directeur qu'avec un de ces noms qui se font ouvrir le théâtre.

Le travail et l'émotion d'écrire GERMINIE LACERTEUX nous faisaient complètement oublier notre pièce, quand, un soir du printemps de 1865, un de nos amis ayant une soirée à passer avec nous, et ne sachant comment la perdre, nous demanda de lui lire notre HENRIETTE. Nous eûmes assez de mal à retrouver le manuscrit. A la fin de la lecture, l'ami fut pris par l'intérêt de la pièce, nous complimenta, nous prédit que nous serions joués. Nous ne le croyions guère, sachant toute la répugnance des directeurs à accepter une pièce de gens accusés de littérature, de style et d'art. Cependant cette lecture nous avait, malgré nous, un peu rattachés à HENRIETTE. A ce moment, M. de Girardin venait de lire le SUPPLICE D'UNE FEMME chez la princesse Mathilde. Nous avions l'honneur d'être reçus dans ce salon. Nous pensâmes qu'une lecture, là, devant un public d'hommes de lettres, aurait peut-être chance de valoir à notre pièce une heure d'attention, la lecture personnelle d'un directeur de théâtre comme M. Harmand, qui avait succédé à M. de Beaufort, ou comme M. Montigny. La pièce fut lue. Elle souleva, dans le salon, des objections et des sympathies. Quelques journaux annoncèrent cette lecture, et, quelques jours après, nous écrivions à M. Harmand pour lui demander un rendez-vous. Nous attendions la réponse du directeur du Vaudeville, lorsque nous reçûmes la lettre suivante de M. Théodore de Banville, qui avait été l'un des écouteurs et l'un des applaudisseurs d'HENRIETTE.

Mardi, 11 avril 1865.

Mes chers amis,

Édouard Thierry (ceci est confidentiel) m'a exprimé un vif désir de connaître votre pièce. Il est un de vos ardents admirateurs, il a dit du bien de vos livres dans les papiers imprimés, et dans ce moment-ci même, ayant à monter une pièce dont l'action se passe sous le Directoire, il consulte et relit sans relâche votre HISTOIRE DE LA SOCIÉTÉ FRANÇAISE SOUS LE DIRECTOIRE.

Je lui ai fait observer que votre talent, votre situation littéraire et la juste renommée acquise par vos longs efforts ne vous permettent pas de vouloir être refusés à un théâtre. Mais il le comprend aussi bien et mieux que moi. Aussi est-ce à un point de vue non officiel et absolument amical qu'il vous prie de faire connaître votre pièce à l'homme de lettres Édouard Thierry, à qui elle inspire une vive curiosité. Pour votre gouverne, sachez bien, au pied de la lettre, que ce désir a été réellement et spontanément exprimé par Thierry, sans aucune provocation de ma part...

Là-dessus nous hésitions. A quoi servirait cette communication de notre manuscrit? A rien, nous disions-nous. Cependant un soir, passant rue de Richelieu, nous montions au Théâtre-Français; nous ne trouvions pas M. Thierry.

Le 21 avril, M. Harmand nous répondait qu'il serait très heureux de nous offrir une lecture, mais après la pièce qu'il montait, le Monsieur de Saint-Bertrand de M. Ernest Feydeau. Nous avions reçu, avant cette réponse de M. Harmand, une lettre où M. Thierry s'excusait de ne pas s'être trouvé au théâtre lorsque nous y étions venus, et se mettait à la disposition de notre jour et de notre heure. Nous allions le voir, nous lui exposions très nettement l'inutilité, pour lui, de lire notre pièce, une pièce qui ne rentrait pas dans le cadre ordinaire du répertoire des Français. M. Thierry insistait pour lire Henriette; et il mettait tant de bonne grâce et de bon désir à vouloir la connaître, que nous cédions. N'ayant aucune idée que notre pièce pût être retenue par le Théâtre-Français, et pressés par un rendez-vous que nous venions de recevoir de M. Harmand, nous écrivions à M. Thierry de nous renvoyer notre pièce. M. Thierry nous la renvoyait avec cette lettre :

Messieurs et chers confrères,

J'avais l'espérance que vous voudriez bien venir hier reprendre votre manuscrit ; il paraît que vous comptiez sur moi pour vous le renvoyer ; je vous le renvoie donc avec les compliments les plus sincères. Je ne sais pas si le Vaudeville vous attend et si vous êtes en pourparlers avec lui ; ce que je sais, c'est que la pièce ne me semble pas plus impossible au Théâtre-Français qu'au Vaudeville. Ce que le Théâtre-Français retrancherait, dans le premier acte, sera retranché partout ailleurs et avec les mêmes ciseaux, ceux de la commission d'examen. Le dénoûment est brutal, je ne dis pas non, et le coup de pistolet est terrible ; mais il n'y a pas encore là d'impossibilité absolue. Au fond, je

8.

vois dans votre pièce, non pas précisément une pièce bien faite, mais un début très remarquable, et pour ma part je serais heureux de présenter au public cette première passe d'armes de deux vrais et sincères talents qui gagnent leurs éperons au théâtre.

Tout à vous.
E. THIERRY.

27 avril 1865.

Sur cette lettre, qui nous mettait au cœur des espérances dépassant nos ambitions, nous rapportions notre manuscrit au Théâtre-Français.

Quinze jours après, nous obtenions une lecture du Comité ; et le 8 mai les sociétaires de la Comédie-Française nous faisaient l'honneur de recevoir notre pièce[1].

---

1. Dans la première édition d'HENRIETTE MARÉCHAL, nous avons dit, d'après l'annonce des journaux de théâtre, que nous avions été reçus à l'unanimité. C'est une erreur. Nous avons été simplement reçus, d'après le renseignement officiel que nous communique l'archiviste du Théâtre-Français, M. Léon Guillard.

On a parlé de protections, d'influences ayant déterminé cette réception. C'est une injure gratuite contre l'indépendance bien connue du Comité, auprès duquel rien ne nous a recommandés qu'un passé de travail, des livres d'histoire honorés de l'éloge d'un adversaire comme M. Michelet, des romans dont toute la critique s'est émue. Et pourquoi n'y aurait-il pas là des titres au rare honneur d'un début sur la première scène littéraire de France?

Pendant l'été, nous remaniâmes, sur les intelligentes indications de M. Thierry, notre troisième acte, pour adoucir, au point de vue de la scène, ce qui était logique, mais ce qui pouvait être antipathique dans la passion de la mère. La pièce était distribuée. Mme Arnould-Plessy daignait accepter le rôle de la mère. M. Got, M. Bressant, M. Lafontaine, Mme Victoria Lafontaine, Mlle Dinah Félix, voulaient bien donner à nos débuts l'appui de leurs noms et de leurs talents. Nous recevions le bulletin de la première répétition, lorsque M. Delaunay, obéissant à des scrupules et à des modesties exagérées d'artiste, rendait le rôle de Paul de Bréville, pour lequel il ne se croyait plus suffisamment jeune. Ce refus de M. Delaunay arrêtait tout. Nous vîmes notre pièce perdue, au moins pour le moment, et nous partîmes, assez désespérés, nous enterrer à la campagne dans le travail et la consolation d'un grand roman.

Cependant la presse, avec une sympathie dont nous avons gardé le souvenir, combattait le refus de M. Delaunay. Un critique, que toutes les questions de théâtre trouvent à son poste de feuilletonniste, armé de conscience et de bon sens, M. Sarcey, pressait M. Delaunay, au nom des auteurs et du public, de revenir sur sa résolution et d'oser avoir vingt ans, les vingt ans de son talent. Devant cet intérêt de la presse, la situation du théâtre, celle des deux auteurs, M. Delaunay cédait, et nous recevions tout à coup un beau jour, le 4 novembre, — dans le trou où nous étions terrés, ne pensant plus à notre pièce, — une lettre de M. Thierry qui nous annonçait en même temps la bonne nouvelle, et l'entrée en répétitions d'Henriette.

La pièce était répétée. Les excellents acteurs qui devaient la jouer mettaient au service des auteurs tous leurs efforts, toute leur expérience, donnaient, nous pouvons le dire, tout leur cœur à la pièce. La confiance d'un grand succès était dans tout le théâtre; et le succès paraissait éclater déjà aux dernières répétitions, devant l'admirable jeu des scènes d'amour.

Pendant ce temps, la chronique s'emparait de notre pièce. Et cette chronique, qu'on a dit avoir d'avance tant soutenu notre pièce, commençait à lui faire la méchante et basse guerre des cancans calomnieux, des citations falsifiées, et des dénonciations anonymes. Les petites informations empoisonnées s'écoulaient dans les Correspondances. Le *Nord* signalait et racontait notre premier acte, en lui prêtant les couleurs d'une turpitude immorale ; et nous ne savons comment l'article non signé du *Nord* parvenait, sous bande, à la censure.

Enfin arrivait la première représentation. Elle avait lieu le 5 décembre. Tous les journaux ont raconté ce qui s'y passa. Deux hommes seulement, dans toute la presse, n'ont pas vu ce soir-là de cabale dans la salle : ce sont M. de Biéville, du *Siècle,* et M. de Béchard, de la *Gazette de France.* — Le rapprochement de ces deux extrêmes nous semble assez curieux pour le noter en passant.

Qu'y a-t-il maintenant au fond de toutes ces colères, au fond de toutes ces passions ennemies et jalouses?

Il y a trois questions :

La question littéraire ;

La question politique ;

La question personnelle, — ou plutôt la question sociale.

La question littéraire ! — Celle-là, laissons-la de côté, nous y reviendrons plus tard. Mais aujourd'hui, il serait niais de discuter, de répondre, de se défendre, à propos d'art, quand cinquante sifflets d'omnibus écrasent tous les soirs une pièce que la salle veut écouter, quand une petite fraction des écoles[1] couvre de la tyrannie de son goût et de la révolte de ses pudeurs les applaudissements des loges, de l'orchestre, des femmes de la société, des hommes du monde, du public élégant, intelligent et lettré de Paris. Non, pas de discussion. Nous nous inclinons devant nos maîtres, devant les maîtres de l'Odéon

1. Voir les deux pièces que nous donnons à l'*Appendice*.

devenus les maîtres du Théâtre-Français et que nous espérons bien voir demain les maîtres de toutes les scènes, y décidant la chute de ce qui leur déplaira, empêchant les avenirs dont ils ne voudront pas, et tuant, du haut des cintres, toute pensée qu'ils voudront tuer, par-dessus la tête du public et la plume de la critique[1] !

La question politique? — Vidons-la nettement pour n'avoir plus à y revenir.

On dit, on imprime même, qu'on siffle notre pièce parce que le gouvernement l'a fait jouer, parce que la princesse Mathilde l'a imposée au Théâtre-Français, parce que nous sommes des « protégés », des courtisans.

---

1. Nous n'avons que le temps de remercier, en courant, MM. Jules Janin, Théophile Gautier, Nestor Roqueplan, Paul de Saint-Victor, Ernest Feydeau, Jules Vallès, Xavier Aubryet, Louis Ulbach, Francisque Sarcey, Jouvin, Jules Richard, Jules Claretie, Camille Guinbut, Henri de Bornier, et tous ceux que nous oublions.

Nous, des protégés! Nous, les seuls hommes de lettres qu'on ait fait asseoir, en 1852, entre des gendarmes, sur les bancs de la police correctionnelle, pour délit de presse! Nous, auxquels le ministère de la police d'alors donnait l'avertissement de ne plus écrire dans les journaux!...

Nous, des courtisans!... Mais qui sommes-nous donc? Rien que des artistes qui n'ont jamais appartenu à un parti. Si nos études nous ont donné un peu de justice, et quelquefois un peu de regret pour le passé, nous croyons que nous avons montré dans nos livres historiques assez d'indépendance pour mécontenter toutes les opinions; et nous avons cette conscience que nos romans se sont assez intéressés aux misères populaires du présent, et aux larmes des pauvres.

Arrivons à ce grand crime que nous lisons partout et qui a rempli tous ces jours-ci de circulaires le quartier Latin : la protection de la princesse Mathilde.

Ici, on nous permettra quelques détails, — et quelques vérités.

Après dix ans de travail solitaire, acharné, enragé, sans publicité, presque sans relations, un jour un de nos amis, M. de Chennevières, vint nous dire que la maîtresse d'un des grands salons de Paris, ayant lu nos livres, désirait nous connaître. C'était la première fois qu'un salon s'ouvrait devant nos titres littéraires. Il y avait presque quatre ans que nous n'avions mis d'habit. Nous allâmes dans ce salon, dans le salon de cette femme, une artiste qui est coupable d'être née princesse. Nous y trouvâmes toutes les libertés et presque toutes les intelligences, des artistes et des hommes de lettres comme nous, des philosophes, des savants, des poètes : M. Renan et M. Berthelot, M. Claude Bernard et M. Taine, M. Sainte-Beuve et

M. Bertrand, M. Théophile Gautier, M. Gustave Flaubert, M. Paul de Saint-Victor, M. Dumas fils, M. Émile Augier, les peintres, les sculpteurs d'avenir et de talent. Nous entendîmes là, dans ce salon d'art et de libre pensée, M. Sainte-Beuve défendre Proudhon, et M. Charles Blanc demander la levée de l'interdiction de la vente sur la voie publique pour l'Histoire de la Révolution écrite par son frère. Ce fut là, devant un public de lettrés, que nous lûmes Henriette Maréchal, à l'exemple d'autres auteurs plus connus que nous, aussi soucieux de leur dignité, et qui ne croyaient pas faire acte d'insolence envers le public, en consultant le premier salon de Paris sur l'effet d'une œuvre dramatique.

Est-ce pour cela qu'on nous siffle, et qu'on veut empêcher notre pièce de parler au public? Mais alors qui peut dire si demain on n'ira pas huer au Salon les toiles de M. Baudry ou de M. Hébert, parce que la maîtresse de ce salon aura été les voir dans leur atelier ? Et pourquoi ne ferait-on pas une partie d'aller casser à une prochaine exposition les sculptures de ce grand sculpteur, M. Carpeaux, parce qu'il a eu l'imprudence de faire un chef-d'œuvre du buste de la maîtresse de ce salon ?

Si ce n'est pas pour cela qu'on nous siffle, est-ce pour quelque chose de plus grave ? Est-ce parce que « cette haute protection », comme on l'appelle, a fait pour nous ce qu'elle a fait pour d'autres, — pour M. Louis Bouilhet, par exemple, à propos de Faustine ? Est-ce parce qu'elle a défendu notre pièce contre la menace d'interdiction de la censure[1] ?

---

1. A propos de ceci, M. Feydeau, dans un remarquable article, rappelait que ce fait d'une haute protection n'était pas nouveau ; que M. Augier avait eu besoin de la volonté de l'Empereur pour se faire rendre par la censure le Fils de Giboyer ; M. Alexandre Dumas fils, de l'intervention de M. de Morny, pour

Nous ne pouvons le croire. Nous ne pouvons croire que ce qui s'appelle la jeunesse française, en 1865, ait les ciseaux de la censure dans son drapeau.

Mais, quoi qu'il en soit, puisqu'il semble y avoir quelque péril en ce moment à ne pas désavouer notre reconnaissance pour une princesse qui n'a d'autres courtisans que des amis, nous la remercions ici hautement et publiquement avec une gratitude, qui serait presque tentée de lui souhaiter une de ces fortunes où l'on peut éprouver, autour de soi, le désintéressement des dévouements.

Arrivons à la dernière question, à la question personnelle, et cherchons en nous

faire lever l'interdiction de la Dame aux Camélias. — Et puisque ici les noms de ces deux maîtres du théâtre moderne viennent sous notre plume, disons à M. Émile Augier et à M. Alexandre Dumas fils, combien nous avons été consolés par les bravos donnés par eux à une pièce, qu'honorait encore l'applaudissement de Mme Sand.

tout ce qui peut expliquer cet inexplicable déchaînement d'hostilités.

D'abord nous avons le malheur de nous appeler messieurs *de* Goncourt.

Mon Dieu! ce n'est pas notre faute. Nous ne faisons que porter le nom de notre grand-père, un avocat, membre de la Constituante de 89; le nom de notre père, un des plus jeunes officiers supérieurs de la Grande Armée, mort à quarante-quatre ans des suites de ses fatigues et de ses blessures, des sept coups de sabre sur la tête d'une action d'éclat en Italie, de la campagne de Russie faite tout du long avec l'épaule droite cassée, le lendemain de la Moskowa.

Puis nous avons encore le malheur de passer pour être riches, de passer pour être heureux, de passer pour être arrivés facilement.

Eh bien! puisque, dans ce moment du siècle, c'est une suspicion et une raison d'ostracisme que l'apparence de la fortune et du bonheur, il nous faut essayer de désarmer l'envie, en la consolant un peu.

Nous avons travaillé quinze ans, renfermés, solitaires, acharnés au travail. Nous avons eu toutes les défaites, tous les chagrins, tous les désespoirs, toutes les injures amères de la vie littéraire. Nous avons saigné dans notre orgueil, pendant de longues heures d'obscurité. Pendant des années, c'est à peine si nos livres nous ont payé l'huile et le bois de nos nuits. Nous sommes arrivés pas à pas, livre à livre, obligés de tout disputer et de tout conquérir. Et nous avons mis quinze ans enfin à parvenir au Théâtre-Français.

Pour notre fortune, nous n'avons pas tout à fait douze mille livres de rentes à nous deux. Nous logeons au quatrième, et nous avons une femme de ménage pour nous servir.

Et pour notre bonheur, il ne faut pas

qu'on se l'exagère tant : nous avons, l'un une maladie de nerfs, l'autre une maladie de foie, qui doivent assurer nos ennemis de nos souffrances dans la cruelle bataille des lettres; deux maladies qui finiront peut-être un jour par nous faire mourir, — à moins que nous ne mourions d'autre chose, tous les deux ensemble, selon des promesses qu'une menace a bien voulu nous faire.

EDMOND ET JULES DE GONCOURT.

12 décembre 1865.

Il nous reste à demander pardon au talent, au courage de nos grands acteurs, aux talents de Mme Arnould-Plessy, de Mme Victoria Lafontaine, de Mlle Dinah Félix, de Mme Ramelli, de Mlle Rosa Didier, de M. Delaunay, de M. Got, de M. Bressant, de M. Lafontaine, pour les avoir exposés à ces huées sauvages. Nous faisons personnellement des excuses à Mme Plessy, pour lui avoir fait subir des insultes, qu'un public français n'avait jamais encore fait subir, du moins là, à une actrice de génie qui a marqué, dans cette soirée du 5 décembre, sa place entre Mme Dorval et Mlle Rachel.

Finissons cette histoire d'HENRIETTE MARÉCHAL par la lettre envoyée par nous aux journaux, où nous racontons comment elle a disparu de l'affiche de la Comédie-Française :

21 décembre 1865.

Monsieur le rédacteur en chef,

Les journaux ont annoncé que les représentations de notre pièce : HENRIETTE MARÉCHAL, étaient arrêtées. Le fait est vrai : HENRIETTE MARÉCHAL a disparu de l'affiche du Théâtre-Français dans les circonstances suivantes.

Le 15 décembre, il parut dans la *Gazette de France* une attaque qui méritait d'être remarquée parmi toutes les attaques lancées, chaque soir et chaque matin, contre notre pièce. La *Gazette de France* commençait par souligner ce qu'elle appelait « l'admiration du *Moniteur officiel* et du *Constitutionnel* » pour notre pièce. Puis elle parlait du *morne silence* dans lequel avait été écouté le second acte, de l'*attitude somnolente* du public au troisième. Elle ajoutait que le public ne venait là, que pour s'amuser du scandale, que tous les applaudisseurs appartenaient à la claque, qu'il fallait l'intervention de la police pour « maintenir et comprimer le public entier à bout de patience, et se levant comme un seul homme ». L'article continuait, en nous imputant à crime ce que nous avions coupé, ce qui n'était plus dans la pièce représentée, et ce que l'auteur de l'article y mettait, — un inceste, par exemple, — dont il prêtait gratuitement l'intention au dénouement. Ici, la *Gazette de France* faisait appel à la dignité des comédiens, en leur reprochant de se ménager quelques recettes à la faveur de la curiosité provoquée par des scènes bruyantes ; et elle terminait par un procédé de critique littéraire jusqu'ici inusité, — une dénonciation aux contribuables! « Ce qui nous regarde, nous, *contribuables*, disait-elle, c'est de savoir si nous devons, dans un temps où l'on parle tant d'économies, continuer à sacrifier trois ou quatre cent mille francs, par an, pour le plus grand profit d'une *entreprise ministérielle*, qui sait si bien tirer profit même du scandale...

Ce même jour, l'administrateur du Théâtre-Français, M. E. Thierry, venait chez nous. Nous lui demandions s'il était content des explications données par nous en tête de la pièce, que nous lui avions dédiée. Son embarras, quelques mots, nous laissaient voir son impression. Nous lui représentions notre situation, la nécessité où nous avions été de dire la vérité, toute la vérité. Et pourquoi, ajoutions-nous, le Théâtre-Français aurait-il à rougir d'une pièce, parce qu'elle a pris deux fois le chemin du Vaudeville, et parce que les auteurs ont la franchise de l'avouer? Nous ne sommes pas de ceux qui écrivent pour tel ou tel théâtre ; nous écrivons pour le public que peut intéresser, sur n'importe quelle scène, une pièce qui a au moins la conscience d'être une œuvre d'art. Si nous avons frappé au Vaudeville, c'est que nous ne voyions pas plus haut des chances d'être joués ; c'est que nous croyions — à tort — le Théâtre-Français fermé à tout ce qui n'était pas une tragédie, une comédie en vers, ou une pièce en prose signée d'un nom aussi populaire au théâtre que celui de M. Émile Augier. Nous disions encore à M. Thierry que, si pour les inexpériences scéniques et les détails de métier, nous faisions bon marché de notre pièce, nous la trouvions, avec les critiques les plus autorisés, digne après tout du Théâtre-Français par ses qualités littéraires, par un style que les auteurs des Hommes de lettres, de Sœur Philomène, de Renée Mauperin, de Germinie Lacerteux, ne trouvent pas trop inférieur au style du répertoire moderne de notre grande scène.

M. Thierry nous répondait avec gêne, sortait de sa poche l'article de la *Gazette de France* du matin, et nous donnait lecture d'un passage de cet article, où la *Gazette* s'étonnait de ne pas nous voir retirer notre pièce. Là-dessus, nous disions à M. Thierry que, quand même nous aurions fait le plus grand chef-d'œuvre ou la plus grande turpitude, chef-d'œuvre ou turpitude n'exciteraient pas de telles passions, un tel bruit; que ce qu'on sifflait n'était point notre pièce; et que devant cette situation, devant des attaques sans précédent, devant la majorité des applaudissements, devant le courage et la confiance de nos acteurs, décidés à lutter jusqu'au bout, nous ne pouvions ni ne voulions retirer Henriette Maréchal et que nous étions décidés à attendre qu'elle fût arrêtée par l'administration, interdite par l'autorité. Seulement, nous demandions encore deux épreuves, celle de ce soir-là, et celle du lundi suivant : nous espérions, pour cette représentation du lundi, l'effet de notre brochure qu'on allait mettre en vente à quatre heures et qui nous semblait destinée à faire revenir les gens de cœur sur le compte de notre dignité et de notre indépendance. « *Lundi, c'est impossible!* » nous dit M. Thierry. Ici, qu'on le comprenne bien, nous n'accusons pas M. Thierry. Nous lui restons, et nous lui resterons toujours profondément reconnaissants pour le brave accueil qu'il a fait à notre pièce. Aussi le plaignons-nous seulement pour s'être trouvé dans une situation où il ne pouvait nous accorder cette dernière demande.

La sixième représentation avait lieu le soir de cette entrevue. Tous ceux qui y ont assisté, peuvent dire le succès de la pièce dans cette soirée, la salle tout entière applaudissant, écrasant de ses bravos les quelques sifflets arriérés qui s'essayaient. Et c'était une salle de bonne foi, une salle payante : un vrai public de quatre mille francs de recette, — de trois mille neuf cent un, pour être exact. Nous allions voir

M. Thierry après la pièce, nous lui disions qu'il nous semblait bien dur d'être arrêtés après une telle soirée, où le succès semblait enfin conquis : M. Thierry nous répondait qu'il ne pouvait rien nous promettre.

Le lendemain, HENRIETTE MARÉCHAL disparaissait de l'affiche du Théâtre-Français.

Maintenant, attaqués à droite et à gauche, attaqués en même temps par le *Siècle* et par l'*Union*, par l'*Avenir national* et par la *Gazette de France*, sans oublier le *Monde;* fusillés par un premier-Paris de la *France*, arrêtés par l'administration, — que nous reste-t-il à faire pour une pièce à laquelle les sympathies de la grande critique, les feuilletons de Jules Janin, de Théophile Gautier, de Nestor Roqueplan, de Paul de Saint-Victor, de Louis Ulbach, de Francisque Sarcey, la presse et le public, des recettes de quatre mille francs, une location de huit jours à l'avance, devaient assurer, semblait-il, le droit de vivre ?

Il nous reste à faire un appel à l'opinion, à cette grande majorité de spectateurs qui a applaudi HENRIETTE MARÉCHAL, à tout ce monde d'hommes et de femmes du Paris intelligent et lettré qui ne veut pas que la tyrannie de la politique ou l'exagération de la morale touche à ses plaisirs, à ses goûts, à ses sympathies. Il nous reste à faire un appel à nos ennemis mêmes, à ceux qui aiment la liberté et qui doivent avoir quelques regrets devant leur victoire, devant l'interdiction de notre pièce par mesure administrative.

Agréez, monsieur le rédacteur en chef, l'assurance de notre considération distinguée.

APPENDICE

Nous donnons ici, sans commentaires, ces deux pièces curieuses à confronter :

Paris, 7 décembre 1865.

Monsieur le rédacteur,

On fait circuler, au sujet de la première représentation d'HENRIETTE MARÉCHAL certaines accusations contre une partie du public qui composait la salle.

On veut jeter sur cette défaite une sorte de voile tout chargé de mystère ; on veut mettre de la cire aux oreilles du public ; on l'entoure de paravents pour lui dissimuler les sifflets ; on s'enveloppe soi-même d'une sorte de peplum de Chalchas-Critique, et l'on crie à la foule un de ces gros mots à l'aide desquels on explique la *Raison universelle* et la *Cause efficiente et probante des choses!*

En vérité, Figaro n'eut pas tort quand il parlait des avantages de la Sainte-Cabale.

On est tombé Gros-Jean, on se relève Étoile!

Eh bien! non, Monsieur, il n'y avait point de cabale contre la pièce de MM. de Goncourt. Une cabale s'organise, et quoi que l'on ait — je ne sais déjà plus qui — prétendu qu'elle était bien disciplinée, c'est se railler du public que de vouloir prétendre qu'une bulle de savon ne peut crever sans que les puissances conjurées n'aient médité sa ruine.

Une cabale!... Et de qui?... et pour quoi?... contre quoi?... — Voilà trois points d'interrogation auxquels il parait difficile de répondre. C'est avec ce mot de cabale que les amis satisfont la politesse, que les auteurs consolent leur génie, et qu'enfin on fouette le dos des innocents assez niais, pour oser exprimer une opinion qui était *la leur*, en face d'une salle qui, ce soir-là, était toute aux soins empressés de l'amitié, aux benoîtes ferveurs de la sainte claque.

Le poulailler a crié, hurlé, sifflé. — Complot!...

Le parterre a applaudi, applaudi, applaudi.

— Indépendance !

Renversez les mots, Monsieur, et vous aurez la vérité!

Nous autres, nous étions venus dès cinq heures, les pieds dans la boue, inquiets, impatients, plus sympathiques qu'hostiles, croyant au talent de ces messieurs et prêts à applaudir, si nous trouvions leur pièce bonne. Nous étions là près de trois cents jeunes gens... Et, en effet, on a raison de dire que nous étions une cabale...

Une cabale, c'est un complot ; et nous complotions la chose la plus extraordinaire, Monsieur, celle, étant les plus jeunes de l'assemblée, d'être les seuls payants ! Nous avions organisé la conspiration des pièces de vingt sous contre les billets d'amis. Et, — voyez à quel point nous sommes simples, — au moment où l'on nous refusait au guichet des billets de parterre, nous subissions l'inspection d'un capitaine recruteur qui ne nous demandait qu'un peu de claque pour un bon fauteuil. Et, à notre tour, nous avons refusé ; — refusé, voulant rester indépendants et ne pas mettre les ficelles de notre enthousiasme entre les mains d'un chef de claque ; et, comme des pantins, ne pas lever les bras, jeter des cris, pleurer d'admiration, selon le caprice de Son Indépendance.

Nous avons sifflé, comprend-on cela ? sifflé, je ne sais quelles rapsodies que Bobino ne voudrait pas pour coudre à ses grelots ! Sifflé un vieux paquet de ficelles dont le portrait de mon père, les gants de ma fille, le domino de madame, le mari qui manque le train, sont les bouts les moins roussis et les moins usés! Sifflé un premier acte dont le réalisme n'a même pas le charme de la nouveauté : les Enfers de Paris et la Mariée du Mardi-Gras sont moins retroussés et plus joyeux! Sifflé un second acte dont la fantaisie court à travers un monde d'aphorismes prétentieux, de situations bizarres, de visions hystériques, commençant au babillage d'une servante et finissant au baiser ridicule d'une femme de quarante ans. Sifflé au troisième acte... Oh! le troisième acte!... N'est-ce pas du Girardin, première édition, non corrigée? Les Deux Frères faisant pendant aux Deux Sœurs?... Du Girardin, moins... Girardin! c'est-à-dire l'impossible, moins cette chose étonnante en faveur de laquelle on pardonne tout : l'originalité!

Nous disons, nous autres, ce que nous avons sifflé; que les partisans de la pièce nous disent ce qu'ils ont applaudi, en dehors du magnifique jeu des acteurs, un seul acte, une seule scène, une situation, un mot, et nous nous déclarons satisfaits.

Il y a eu cabale, prétend-on! Oui, la cabale des indépendants contre les engagés... volontaires ou non!...

Qui siégeait à l'orchestre? Des amis, des amis, et toujours des amis!

Qui siégeait au parterre?... — Un mot à ce propos, Monsieur. On a parlé d'Hernani! Est-ce une ironie? A l'époque d'Hernani, on livrait le parterre à la jeunesse, et l'on refusait la claque! Mardi dernier, quand les jeunes gens se sont présentés, le parterre était envahi. — Par qui? — Et ses portes fermées. — Pourquoi? — Alors nous avons gagné les hauteurs. Quant à ceux du parterre, ils ne sifflèrent pas, j'en suis bien sûr, étant de ceux pour qui Boileau n'a pas fait ce vers :

C'est un droit qu'à la porte on achète en entrant.

Mardi, c'étaient les jeunes gens qui sifflaient et les *genoux* qui applaudissaient! Voilà la petite différence à signaler entre les deux Hernani. Ce n'est pas un drapeau autour duquel les frères de Goncourt rassemblaient leurs partisans! C'est un torchon! Nous, nous n'avons pas une sensitive à la place de cœur; nous ne prétendons pas faire un rempart de notre corps à Thalie, et Melpomène nous impose peu! Nous savons chiffonner d'une main osseuse la guimpe des vieilles Muses, et nous accrocher,

quand nous voulons rire, à la queue des sourds
satyres, amoureux de la joie et de la folie. Est-
ce une raison pour ne pas crier : Pouah! quand
la fange tente d'éclabousser l'art! Nous n'aimons
pas voir sa robe s'accrocher au clou du lupanar,
et toute débraillée, titubant à travers les ruis-
seaux, voir la Muse, le stigmate de l'impudeur
au front, s'en aller, psalmodiant des rapsodies
sans nom, parmi lesquelles rien ne transpire, ni
vérité, ni style, ni inspiration!

Nous ne sommes ni des cabaleurs, ni des
amis! Nous avions payé nos places, et seuls
peut-être dans toute la salle nous avions l'esprit
dégagé de toutes les préoccupations de l'amitié
et de la camaraderie. Mais, en vérité, en face des
singulières rengaines qu'on voulait nous faire
applaudir et accepter comme une transforma-
tion dans l'art, quand nous avons entendu com-
parer HERNANI à HENRIETTE, nous avons mis les
clés à nos lèvres. Une révolution, cela? On ne
fait pas des révolutions avec des bonshommes
de bois ; et si Bobèche avait voulu remplir le
rôle de Mirabeau, la foule eût sifflé et tourné le
dos. Qu'on nous donne RUY BLAS, OTHELLO, CHAT-
TERTON, le GENDRE DE M. POIRIER, et vous verrez
où seront les jeunes gens, et quelle grande cabale d'applaudissements nous nous chargeons

de discipliner pour ces *vraies* fêtes de l'intelligence et de l'art!...

C'est sur ce souhait et cette espérance que nous finissons, Monsieur. Dussent certains esprits, complaisants *aux douceurs d'une amitié pure*, s'irriter parce que nous préférons Carmosine à Henriette, nous ne nous attacherons pas à discuter leurs goûts. Seulement, lorsqu'on nous crie : « Adorez! » — Ma foi, non, nous aimons mieux siffler! — C'est plus conséquent.

Mettez le bœuf gras dans une charrette, nous nous amusons; mettez-le sur un autel, nous haussons les épaules! Les messieurs de Goncourt se sont trompés de porte, ils ont pris la rue Richelieu pour la rue Montpensier; c'est à recommencer!

Agréez, Monsieur, l'hommage de notre considération la plus distinguée.

Charles Dupuy, 23, rue de Condé;
Louis Linyer, 3, rue des Fossés-Saint-Jacques;
J. Bernard, 3, rue des Fossés-Saint-Jacques;
Georges Nivet, 51, rue Monsieur-le-Prince;
Émile Ranquet, 3, rue du Dragon.

Figaro-Programme, 9 décembre.

11 décembre 1865,

Monsieur,

Nous avons l'honneur de vous envoyer la copie ci-jointe d'une note qui a couru aujourd'hui à l'École de droit, au cours de M. Colmet de Santerre.

La voici :

« MM. les étudiants en droit sont invités à se rendre ce soir lundi au Théâtre-Français pour siffler la nouvelle pièce, HENRIETTE MARÉCHAL. Il faut que la toile tombe au premier acte.

« *Signé :* PIPE DE BOIS. »

11 décembre 1865.

En vous signalant cet étrange mot d'ordre, nous n'avons pas besoin, Monsieur, de vous dire que nous désapprouvons complètement, avec l'immense majorité des étudiants, une prétention aussi contraire à la liberté théâtrale qu'aux égards dus aux auteurs et à des acteurs de talent.

A. RAMIER,   D'AIGREMONT,
Étudiant en droit,   Étudiant en droit.

Opinion nationale, 12 décembre 1865.

Nous remercions MM. Ramier et d'Aigremont, et tous ceux dont ils sont la voix.

E. ET J. DE G.

PRÉFACE DE LA SECONDE ÉDITION

Aujourd'hui que la reprise d'HENRIETTE MARÉCHAL a réussi, que la pièce est écoutée, est applaudie, applaudie « avec un parti pris d'applaudir », impriment ceux qui eussent désiré qu'elle fût resifflée, je demande au public la permission de compléter la préface en tête de notre THÉATRE par quelques observations, quelques anecdotes, et quelques idées sur l'art théâtral de l'heure présente.

Dans cette préface j'ai dit : HENRIETTE MARÉCHAL est une pièce « ressemblant à toutes les pièces du monde » et les ennemis de la pièce ont fait dire à cet aveu plus qu'il ne disait, déclarant que l'œuvre n'avait pas la plus petite qualité personnelle. Voici seulement ce que j'ai voulu faire entendre, c'est que mon frère et moi, débutant au théâtre, et désireux d'être joués, nous avions essayé de faire une pièce jouable, une pièce cherchée parmi les combinaisons théâtrales ordinaires, trouvant déjà assez brave d'avoir risqué l'acte du bal masqué, un acte qui avait le mérite de la nouveauté, et d'un esprit original, avant que cet esprit fût devenu l'esprit de tout le monde; avant qu'il eût servi, tout un hiver, aux engueulements des bals de l'Opéra de la rue Le Peletier.

Maintenant, venons aux critiques de détails. On me reproche de grosses *ficelles*; grosses ou petites, est-ce qu'il n'y en a pas chez tous les auteurs, les auteurs les plus habiles, dans cet art conventionnel, où je ne connais pas un dénouement de pièce qui ne soit amené par la surprise d'une conversation derrière un rideau, ou par l'interception d'une lettre, ou par un *truc* forcé de cette qualité? Et tant qu'à choisir entre les petites et les grosses ficelles, ma foi, je préfère les grosses, les toutes franches : ce sont celles de l'ancien répertoire.

Puis vraiment, n'y aurait-il pas de grosses ficelles dans l'agencement de la vie humaine, de la véritable, de celle que nous vivons? J'avais un cousin qui devint très amoureux d'une jeune fille du monde. Ce cousin avait eu une jeunesse un peu *noceuse*, était joueur... il fut refusé par les parents de la jeune fille. Mon cousin demeurait le cœur très pris. Il se passait un an, dix-huit mois, au bout desquels il lui arrivait un accident de voiture, dans le voisinage du château de celle qu'il aimait. Il y était recueilli, soigné... et devenait le mari de la jeune fille. C'est ce souvenir qui nous a donné, à mon frère et à moi, l'idée du transport de Paul de Bréville, blessé, chez Mme Maréchal.

Ah! vraiment, on me fait un crime de bien des choses, de choses que me donne en spectacle, tous les jours, la vie du monde. Par exemple, on trouve tout à fait invraisemblable ce coup de cœur d'un tout jeune homme pour une femme de trente-quatre à trente-cinq ans. Savez-vous que chez tous les jeunes gens que j'ai connus, le premier amour effectif qui n'a pas été à une fille ou à une femme de chambre, je l'ai vu aller à des femmes de la société presque toujours plus âgées que Mme Maréchal, presque toujours à de sérieuses marraines de Chérubin?

Enfin, en faisant tromper ce bon, cet excellent, cet hospitalier M. Maréchal par le jeune Paul de Bréville, j'aurais introduit sur les planches un adultère plus immérité, plus indigne, plus infâme, plus laid que les adultères jusqu'ici mis en scène par mes confrères en adultère au théâtre... comme si nous ne voyions pas journellement les trois quarts des messieurs Maréchal se montrer de vrais saints Vincent de Paul à l'endroit de l'homme qui les trompe.

Il faut que nous en prenions notre parti, nous sommes des auteurs immoraux, et nous ne sommes pas des *carcassiers*. Mais il n'y a pas qu'une carcasse dans une pièce, il y a autre chose dans la nôtre.

Théophile Gautier y trouvait une qualité, qu'il nous reconnaissait seuls posséder : une *langue littéraire parlée*. Et pour moi une langue nouvelle, c'est presque l'unique renouvellement dont est susceptible le théâtre. Une langue, où il n'existera plus de morceaux de livres, plus de phraséologie où passera le mot d'auteur, et où cependant le public sentira que c'est un lettré qui a fabriqué les paroles sortant de la bouche des acteurs, voilà la révolution à tenter! Et cette révolution, nous l'avons essayée, essayée seulement. Ah! si nous avions pu écrire une seconde pièce d'amour, celle-là, je vous en réponds, eût été balayée de tout jargon romantique ou *livresque,* et l'on n'y eût pas rencontré une phrase comme celle-ci : « Vous étiez dans mes rêves, comme il y a du bleu dans le ciel », une phrase pas mal rédigée tout de même, mais appartenant au *vieux jeu.* Que ne l'avez-vous supprimée, me dira-t-on? C'est qu'il ne s'agit pas de la supprimer et que le talent serait de la remplacer, celle-ci ou toute autre du même genre, par un équivalent apportant une note poétique, lyrique, idéale, de la même valeur, et un équivalent pris dans le vrai de la langue d'un amoureux.

Or, cela je le déclare tout à la fois le

comble de la difficulté et le *summum* de
l'art dramatique des années qui vont venir,
— et je me trouve tout seul, pas assez fort
pour y arriver.

Il était besoin, pour le tenter et peut-
être réussir, de continuer à avoir pour col-
laborateur un poète doublé d'une oreille
particulière, un original passant des heures
entières, aux Tuileries, à entendre causer
des bébés, pour le seul plaisir de surprendre la syntaxe de leurs phrases enfan-
tines.

Maintenant, n'y aurait-il pas dans notre
pièce une seconde qualité que personne
n'a remarquée? Si Henriette Maréchal
n'étale pas absolument sur les planches
des morceaux de notre vie, elle y apporte,
tout le temps, les attitudes morales des
deux frères, quand le jeune tombait amoureux. Elle redit sous des formules plus
étudiées, avec des expressions plus littéraires, mais elle ne fait que redire les iro-

niques petites *chamaillades*, le tendre ferraillement d'esprit de ces moments-là, — en un mot le fraternel duel à huis clos de l'Expérience et de l'Illusion. Elle donne au public la note du scepticisme blagueur du *vieux*, et de l'appassionnement un peu ingénu de l'adolescent. Elle retrace enfin avec des souvenirs bien personnels et *vécus* — l'expression est acceptée aujourd'hui — des sentiments qui ont le mérite de représenter rigoureusement, à la scène, les sentiments humains et contradictoires de deux hommes d'âge différent, confondus et mêlés dans une même existence.

J'ai avancé, dans ma préface, que je regardais le théâtre comme un genre arrivé à son déclin. Le théâtre, pour moi, me semble le grand art des civilisations primitives. Ainsi, du temps d'Eschyle, de Sophocle, d'Euripide, le théâtre est toute la littérature de la nation. Bien des années après, sous Louis XIV, dans une autre patrie de l'intelligence et du goût, le théâtre est encore presque toute la littérature ; mais peut-être déjà, en ce XVII° siècle, quelque gourmet de belles-lettres néglige, un soir, de se rendre à une comédie de Molière, pour lire au coin de son feu, les Caractères de La Bruyère. Et aujourd'hui, qui pourra nier qu'une Sapho ou qu'un Assommoir ne prenne pas l'attention de la France, tout autant qu'une pièce d'Émile Augier ou d'Alexandre Dumas fils ? Au XX° siècle que nous touchons, quelle place aura donc le livre et quelle place aura le théâtre ?

A cette concurrence redoutable faite déjà aujourd'hui par le livre au théâtre, je ne veux pas répéter les causes particulières et accidentelles qui me font voir, dans un avenir prochain, sa lamentable déchéance. Non, l'art dramatique ne deviendra pas tout à fait ce que j'ai prédit : « Quelque chose digne de prendre place entre des exercices de chiens savants et une exhibition de marionnettes à tirades », non, mais toutes les scènes de la capitale sont fatalement destinées à se transformer en des Édens, plus ou moins dissimulés.

Enfin, puisque le théâtre n'est pas encore mort et qu'il a peut-être devant lui la durée *cahin caha,* qu'on prête à cette heure à la religion catholique, moi qui ne crois pas au *théâtre naturaliste,* au transbordement, dans le temple de carton de la convention, des faits, des événements, des situations de la vraie vie humaine : voici ma conviction. L'art théâtral, cet art malade, cet art fini, ne peut trouver un allongement de son existence que par la transfusion, dans son vieil organisme, d'éléments neufs, et j'ai beau chercher, je ne vois ces éléments que dans une *langue littéraire parlée* et dans le *rendu d'après nature* des sentiments, — toute l'extrême

réalité, selon moi, dont on peut doter [
théâtre.

Eh bien ! ces outils de renouvelleme[
je les trouve... à l'état embryonnaire b[
certainement, mais je les trouve dans H[
riette Maréchal, dans cette pièce qui [
un début, — et un début ne produit jam[
une œuvre tout à fait supérieure. Peut-êt[
si l'on ne nous avait pas aussi brutalem[
arrêtés, à une troisième ou à une quatriè[
pièce, aurions-nous un peu plus comp[
tement réalisé ce que notre ambition lit[
raire avait entrevu.

Du vrai, du vrai dans notre pièce, [
vrai, il y en a peut-être plus qu'on ne [
croit. A propos de la phrase « J'en fe[
mon cœur, » un critique théâtral di[
hier que c'était un propos de soubr[
d'il y a cent ans. J'ouvre notre Journal [
en octobre 1863, à la fin d'un séjour c[
Mᵐᵉ Camille Marcille, à Oisème, p[

Chartres, je trouve cette note écrite par mon frère :

Voici, je crois, la première aventure d'amour flatteuse qui m'arrive. Une petite bonne, une pauvre enfant trouvée de l'hospice de Châtellerault, servait les fillettes de Mᵐᵉ Marcille. Elle avait une de ces figures minables, comme il semble qu'il y en ait eu au moyen âge, après les grandes famines, avec des yeux dont le dévouement jaillissait comme de ceux d'un chien battu. La brave fille, un soir, en déshabillant sa maîtresse, se mit à lui dire : « Ah ! Madame, ce monsieur Jules, je le trouve si potelé, si gai, si joufflu, si gentil, que, si j'étais riche, *j'en ferais mon cœur.* »

EDMOND DE GONCOURT.

15 mars 1885.

LA PATRIE EN DANGER

PRÉFACE DE LA PREMIÈRE ÉDITION [1]

La pièce ici imprimée, je la donne, telle qu'elle a été écrite par mon frère et par moi, telle qu'elle a été lue par mon frère au comité de la Comédie-Française, le 7 mars 1868, je la donne sans changer un mot [2].

---

1. E. Dentu, 1873. 1 vol. in-8º.
2. Seul le titre a été changé. La pièce a été lue sous le titre de MADEMOISELLE DE LA ROCHEDRAGON. Mais le matin de la lecture, sur l'annonce des journaux, nous recevions la visite d'une personne qui nous apprenait l'existence d'une marquise de la Rochedragon, d'une vieille femme qui souffrait de l'idée de se voir

Maintenant, si cela intéresse quelques personnes, de savoir les raisons, pour lesquelles je renonce à épuiser toutes les chances d'une représentation théâtrale sur un théâtre quelconque, pour une œuvre dans laquelle mon frère avait mis et les derniers efforts et les dernières espérances de sa vie, ces raisons, les voici :

Sous l'Empire, on nous avait dit : « Allez, c'est bien inutile de chercher à vous faire jouer, jamais la censure ne laissera passer votre pièce. »

L'Empire est tombé, la République lui a succédé ; mais sous le nouveau régime de liberté, je retrouve la censure replâtrée dans sa perpétuité et rafistolée dans sa toute-puissance. Or, avec les nouveaux censeurs, — qui, je crois bien, sont toujours les anciens, — je n'ai pas seulement à appréhender qu'ils trouvent notre pièce

---

affichée, imprimée. Nous n'avions pu nous refuser à un changement de nom.

ou trop légitimiste ou trop révolutionnaire ; par le fait cruel des derniers événements, j'ai à craindre qu'ils ne découvrent, en notre troisième acte — écrit en 1867, dans la prévision certaine de la guerre future, — des allusions, des manœuvres tendant à une agitation dangereuse pour nos relations avec la Prusse.

Dans cette crainte, aujourd'hui que, des deux collaborateurs, je suis resté seul avec une énergie un peu défaillante, je ne me sens pas le courage d'entreprendre les démarches, de subir les taquineries, les ennuis, les petites tortures morales, qu'un fabricateur de livres rencontre d'ordinaire près d'une direction théâtrale, quand au bout d'une réussite si chèrement achetée peut se dresser le désespérant *veto*[1].

Après tout, s'il me prenait fantaisie de

---

1. M. Carvalho, alors directeur du Vaudeville, avait eu l'idée de monter LA PATRIE EN DANGER, dans le temps où il jouait l'*Arlésienne* d'Alphonse Daudet.

faire le tour des théâtres de Paris, il se pourrait bien que les directeurs épargnassent aux censeurs le crime que je leur impute par avance et que notre pièce fût refusée partout. Le temps n'est guère aux tentatives d'art pur, et le public républicain d'aujourd'hui me paraît ressembler bien fort au public impérial d'hier, au public contemporain de cette anecdote.

Je me trouvais, il y a quelques années, dans le salon d'un grand écrivain ; autour de lui des auteurs de livres connus, des esprits distingués et bêtement idéaux, gémissaient, sur un mode élevé, du remplacement au théâtre des mots spirituels par des gorges, du remplacement des phrases bien faites par des cuisses, et à défaut de chair toute crue, et toute nue, du remplacement d'à peu près tout par des robes de Worth. Tout à coup, une actrice, connue par le cynisme de son esprit, interrompit les doléances littéraires par cette apostrophe : « Vous êtes jeunes, vous autres, mais le théâtre au fond, mes enfants, c'est l'absinthe du mauvais lieu. »

Et ladite actrice avait toujours l'habitude d'appeler les sales choses par leurs noms propres.

Obligé de reconnaître que le brutal aphorisme a du vrai pour aujourd'hui comme il en avait pour hier, et que la République n'a pas encore beaucoup fait pour la régénération du goût public, je me résigne, à peu près de la même manière qu'on se suicide, à imprimer cette pièce, un peu consolé cependant par un pressentiment vague, qui me dit qu'un jour, un jour que nous devons tous espérer, cette œuvre mort-née sera peut-être jugée digne d'être la voix avec laquelle un théâtre national fouettera le patriotisme à la France[1].

1. (Note de la seconde édition.) Un journal nous a accusé de nous être inspiré pour le type de Boussanel

du Cimourdain de M. Hugo; nous n'avons qu'à répondre ceci : l'impression de notre pièce a précédé la publication de Quatre-Vingt-Treize. Mais un critique légitimiste ne nous a-t-il pas sérieusement reproché d'avoir plagié Madame Benoiton dans Renée Mauperin, roman paru deux ou trois ans avant la représentation de M. Sardou?

EDMOND DE GONCOURT.

Mars 1875.

THÉATRE

HENRIETTE MARÉCHAL. — LA PATRIE
EN DANGER

PRÉFACE[1]

Sur une grande table à modèle, aux deux bouts de laquelle, du matin à la tombée du jour, mon frère et moi faisions de l'aquarelle dans un obscur entre-sol de la rue Saint-Georges, un soir de l'automne de l'année 1850, en ces heures où la lumière de la lampe met fin aux lavis de couleur,

[1]. G. Charpentier, 1879. 1 volume in-18.

— poussés je ne sais par quelle inspiration, nous nous mettions à écrire ensemble un vaudeville avec un pinceau trempé dans de l'encre de Chine. Jusqu'à ce jour, toute notre littérature consistait en un carnet de notes, contenant les étapes et les menus de repas d'un voyage en France de six mois à pied, le sac sur le dos, et où seulement, tout à la fin, s'étaient glissées quelques notes sur le ciel, la terre, les Mauresques de l'Algérie. Je ne tiens pas compte toutefois d'un ÉTIENNE MARCEL, drame en cinq actes et en vers, commis en rhétorique par mon frère, et d'un indigeste travail sur les « Châteaux de la France au moyen âge », présenté par moi à la SOCIÉTÉ D'HISTOIRE DE FRANCE pour avoir l'honneur d'être admis parmi ses membres.

Le vaudeville en deux actes, terminé et baptisé SANS TITRE, nous nous trouvions ne connaître ni un auteur, ni un journaliste, ni un acteur, enfin personne au monde qui tînt de loin ou de près à la littérature ou au théâtre. Nous allions chercher, au Palais-Royal, l'adresse de Sainville, nous lui écrivions; il nous accordait un rendez-vous. Nous sonnions à la porte du comique ainsi qu'on sonne à la porte d'un dentiste. Une jolie bonne, pareille à celles qui jaillissent d'un portant de coulisse de théâtre, nous ouvrait, nous introduisait au salon. Et nous commencions notre lecture devant Sainville et un grand monsieur qu'il nous disait avoir l'habitude de consulter. Ce n'était pas encourageant de lire à Sainville. Le rond et jovial acteur, sur les planches, avait chez lui, pour l'audition d'une pièce, une figure d'une impénétrabilité grognonne, et qui peu à peu prenait quelque chose de la face mauvaise de ces gras mandarins qu'on voit, sur des potiches du Céleste Empire, ordonner des supplices. La lecture terminée, d'abord un silence glacial... Puis le comique nous dit durement que la chose manque de couplets, nous tâte pour savoir si nous accepterions une collaboration, enfin nous demande de lui laisser la pièce une quinzaine de jours pour nous donner une réponse définitive.

Les quinze jours se passaient dans l'attente anxieuse de gens qui ont une pièce, et une première pièce présentée à un théâtre. Au bout des deux semaines, nous recevions de Sainville cette lettre :

28 octobre 1850.

... Je viens de soumettre votre manuscrit à la personne chargée de lire les pièces représentées, et c'est avec regret que je viens vous annoncer que sa réponse n'a pas été favorable. Elle y a comme moi trouvé beaucoup d'esprit, mais pas assez de pièce...

Un certain nombre d'années se passaient ; mon frère et moi, avions écrit

l'Histoire de la société pendant la Révolution et pendant le Directoire, l'Histoire de Marie-Antoinette. Un soir, un
de nos jeunes amis, Scholl, devenu depuis
le brillant journaliste de ce temps, se mo-
quait aimablement du sérieux de nos travaux, de nos prétendues visées académi-
ques, quand je l'interrompis en lui disant :

— Eh bien! vous ne vous douteriez jamais par quoi nous avons commencé en
littérature. Si c'était cependant par un
vaudeville ?

— Oh! lisez-moi-le donc ?

J'allai chercher le manuscrit et je lus
une partie du premier acte.

— Vous me faites poser, me jeta mon
ami en m'interrompant. C'est le Bour-
reau des Cranes que vous me lisez là !

Je n'avais pas vu la pièce, et, à ce qu'il
paraît, elle commence par une dispute et
un soufflet donné dans la salle.

Peut-être, il n'y eut là, qu'une rencontre assez ordinaire entre des fabricateurs de pièces à la recherche d'une originalité quelconque. Enfin, Dieu merci, nous ne fûmes pas joués, et nous dûmes peut-être à ce bienheureux refus de ne pas devenir des vaudevillistes à tout jamais.

L'échec de Sans Titre ne nous décourageait pas dans le premier moment, et le mois suivant, arrivait, cette fois, directement au Palais-Royal, un nouveau vaudeville en trois actes intitulé : Abou-Hassan, que M. Coupart nous retournait avec les condoléances ordinaires.

L'année d'après, nous publiions dans le mois de décembre, En 18.., notre premier roman qui paraissait le jour du coup d'État, et dont les affiches étaient interdites, comme pouvant être prises par le public pour une allusion au 18 brumaire. En cette semaine violente, peu occupée, on le comprendra, de littérature, Janin, que nous allions remercier du seul article bienveillant publié sur notre livre, nous saluait, en nous reconduisant avec cette phrase : « Voyez-vous, il n'y a que le théâtre ! » Et en revenant de chez lui, en chemin, l'idée naissait chez nous de faire pour les Français une revue de l'année, dans une conversation, au coin d'une cheminée, entre un homme et une femme, pendant la dernière heure du vieil an, un petit proverbe qui devait s'appeler : La Nuit de la Saint-Sylvestre[1].

L'acte fait, Janin nous donne une lettre pour Mme Allan. Et nous voici, rue Mogador, au cinquième, dans l'appartement de l'actrice qui a rapporté Musset de Russie, et où une vierge byzantine au nimbe de cuivre doré rappelait le long séjour de la femme là-bas. Elle est en train de donner le dernier coup à sa toilette devant une psy-

---

1. La Nuit de la Saint-Sylvestre a été publiée dans l'*Éclair*. C'est un petit proverbe spirituel, mais dont l'esprit a un peu trop la bouche en cœur.

ché à trois battants, presque refermée sur elle et qui l'enveloppe d'un paravent de miroirs. La grande comédienne se montre accueillante, avec une voix rude, rocailleuse, une voix que nous ne reconnaissons pas, et qu'elle avait l'art de transformer en une musique au théâtre. Elle nous donne rendez-vous pour le lendemain. Mon frère est très ému, M#{me} Allan a de suite, pour l'encourager dans sa lecture, de ces petits murmures flatteurs pour lesquels on baiserait les pantoufles d'une actrice. Bref, elle accepte le rôle, et elle s'engage à l'apprendre et à le jouer le 31 décembre, et nous sommes le 21.

Il est deux heures. Nous dégringolons l'escalier et nous courons chez Janin. Mais c'est le jour de son feuilleton. Impossible de le voir. Il nous fait dire qu'il verra Houssaye le lendemain.

De là, d'un saut, dans le cabinet du directeur du Théâtre-Français, auquel nous

sommes alors parfaitement inconnus...
« Messieurs, nous dit-il tout d'abord, nous ne jouerons pas de pièces nouvelles, cet hiver. C'est une détermination prise... je n'y puis rien. » Un peu touché toutefois par nos tristes figures, il ajoute : « Que Lireux vous lise et fasse son rapport, je vous ferai jouer, si je puis obtenir une lecture de faveur. »

Il n'est encore que quatre heures. Un coupé nous jette chez Lireux. « Mais, Messieurs, nous dit assez brutalement la femme qui nous ouvre la porte, vous savez bien qu'on ne dérange pas M. Lireux, il est à son feuilleton... » — « Entrez, Messieurs, » nous crie une voix bon enfant; et nous pénétrons dans une chambre d'homme de lettres à la Balzac, où ça sent la mauvaise encre et la chaude odeur d'un lit qui n'est pas encore fait. Le critique, très aimablement, nous promet de nous lire le soir, et de faire son rapport le lendemain.

Aussitôt, de chez Lireux, nous nous précipitons chez Brindeau qui doit donner la réplique à Mme Allan. Brindeau n'est pas rentré, mais il a promis d'être à la maison à cinq heures, et sa mère nous retient. Un intérieur tout rempli de gentilles et bavardes fillettes. Nous restons jusqu'à six heures... et pas de Brindeau.

Enfin, nous nous décidons à aller le relancer au Théâtre-Français à sept heures et demie. « Dites toujours, — s'écrie-t-il en s'habillant, tout courant dans sa loge, et nu sous un peignoir blanc; — non, pas possible d'entendre la lecture de votre pièce. » Et il galope à la recherche d'un peigne, d'une brosse à dents. « Ce soir, par exemple, après la représentation? — Impossible, je vais souper en sortant d'ici avec des amis... Ah! tenez, j'ai dans ma pièce un quart d'heure de sortie... Je vous lirai pendant ce temps-là... Attendez-moi dans la salle.. » La pièce dans laquelle il jouait finie, nous repinçons Brindeau qui veut bien du rôle!

Du Théâtre-Français, nous portons le manuscrit chez Lireux, et à neuf heures nous retombons chez Mᵐᵉ Allan, que nous retrouvons tout entourée de famille, de collégiens, et à laquelle nous racontons notre journée.

Deux jours après, assis sur une banquette de l'escalier du théâtre, et palpitants et tressaillants au moindre bruit, nous entendions Mᵐᵉ Allan jeter à travers une porte qui se refermait sur elle, de sa vilaine voix de la ville : « Ce n'est pas gentil, ça! »

« Enfoncés, » dit l'un de nous à l'autre avec cet affaissement moral et physique qu'a si bien peint Gavarni dans l'écroulement de ce jeune homme, tombé sur la chaise d'une cellule de Clichy.

Et c'étaient presque aussitôt des tentatives nouvelles, des inventions et des com-

positions de pièces dont j'ai oublié le titre
et dont je ne soupçonne plus guère l'existence que par la lettre de refus d'un directeur de théâtre. Ainsi, je trouve une lettre
de M. Lemoine-Montigny, à la date d'avril
1852, me parlant de la fraîcheur d'un
acte au Bas-Meudon, et qui me rappelle
vaguement que nous avons cherché une
pièce dans notre premier roman. Il me revient même que, pressés de faire un opéra-
comique par notre cousin de Villedeuil, qui
avait de l'argent dans le Théâtre-Lyrique,
nous avons écrit une farce dans la manière
des vieux bouffons italiens, intitulée :
Mam'selle Zirzabelle, acte pour lequel,
je ne suis pas bien sûr que mon frère n'ait
pas composé des vers qui s'entremêlaient
à travers la prose. Mais elle est bien
diffuse, bien incomplète aujourd'hui, la
mémoire de ces pièces, et d'autres encore
faites il y a près de trente ans, et que nous
avons brûlées dans un jour, où nous ne

voulions laisser rien de trop indigne de nous.

Il y eut cependant en ces années, où nous nous occupions historiquement du Directoire, un acte présenté au Théâtre-Français, que je regrette de voir perdu [1], et dont j'aurais voulu donner quelques extraits dans cette préface. Cette pièce avait le mérite d'être la première pièce faite sur le Directoire, bien avant les pièces à succès. Et ce petit acte appelé par nous : INCROYABLES ET MERVEILLEUSES, c'était vraiment une jolie mise en scène du temps étudié par nous, au milieu du touchant épisode d'un divorce.

Une autre pièce a un certain intérêt pour

1. Une lettre de M. Monval, archiviste de la Comédie-Française, qui a bien voulu, deux fois, faire la recherche, me dit que la pièce de LA NUIT DE LA SAINT-SYLVESTRE, et celle des INCROYABLES ET MERVEILLEUSES, peut-être présentée en dernier lieu, sous le titre du RETOUR A ITHAQUE, n'existent pas aux archives. Il se demande si les manuscrits n'auraient pas été remis directement aux examinateurs qui les auraient égarés.

les gens qui sont curieux de l'histoire littéraire des auteurs qu'ils aiment. La pièce, intitulée LES HOMMES DE LETTRES, était l'embryon du roman qui a pour titre aujourd'hui CHARLES DEMAILLY. Les cinq actes terminés dans l'été de 1857, nous les lisions à nos amis au mois d'octobre. La mort du héros, un écrivain qui mourrait des attaques de la presse, on la rejetait « comme la mort d'une sensitive ». Depuis, j'ai pu juger que cette mort n'était pas aussi invraisemblable qu'elle le paraissait à mes auditeurs. Enfin la pièce, réduite en quatre actes, était présentée au Vaudeville et sa réception d'avance annoncée par les journaux; toutefois l'acceptation définitive par le directeur ne devait nous parvenir qu'un certain mercredi.

De cruels jours pour le système nerveux des gens, et des jours éternels, que ces jours d'attente; et je donne ici une note que je retrouve écrite sur un bout de papier : « Mercredi 21 octobre 1857. — Un mauvais sommeil et le matin la bouche sèche comme après une nuit de jeu. Des espérances qu'on chasse et qui reviennent. Et de l'émotion qui circule en vous et de noirs pressentiments. Nous n'avons pas le courage d'attendre la réponse chez nous. Nous allons battre la banlieue, regardant bêtement, ahuris et muets, à la portière du chemin de fer, passer les arbres et les maisons. D'Auteuil nous gagnons, à pied, le pont de Sèvres. Nous avons besoin de marcher. Là, sur la gauche, dans les vapeurs bleues de la Seine, parmi la rouille de l'automne : c'est la muse frileuse de notre pauvre EN 18... Voici la route de Bellevue, et, sur cette route, nous rencontrons tenant par la main un joli enfant, la jeune fille, jeune femme aujourd'hui, que l'un de nous a eu, au moins pendant huit jours, la très sérieuse pensée d'épouser... et qui nous rappelle du vieux passé... Il y a des années qu'on ne s'est vu... On s'apprend les morts et les mariages... et l'on nous gronde doucement d'avoir oublié d'anciens amis... Puis nous voilà dans la maison de santé du docteur Fleuri, causant avec Banville, et croisant dans notre promenade, le vieux dieu du drame, le vieux Frédérick Lemaître...

« ... Dans tout cela, par tous ces chemins, en toutes ces rencontres, au milieu de toute notre vie morte que le hasard ramène autour de nous et qui semble nous mener à une vie nouvelle, nous roulons, les oreilles et les yeux aux bruits et aux choses comme à des présages bons ou mauvais, et prêtant à la nature le sentiment de notre fièvre... En rentrant : rien. »

Une semaine après, nous apprenions que notre pièce n'était ni reçue ni refusée, que Beaufort voyait un danger dans la mise à la scène de la petite presse... qu'il attendait. Cette nouvelle qui, quelques jours auparavant, eût été un vrai chagrin pour nous, ne nous causait qu'une assez médiocre déception. Notre envie de voir jouer les Hommes de lettres s'était un peu usée dans le travail que nous avions entrepris de tirer de la pièce un roman avec tous les développements du livre. De ce jour, nous appartenions exclusivement au roman ; cela jusqu'à l'année 1863, où nous écrivions Henriette Maréchal.

Henriette Maréchal était représentée le 5 décembre 1865.

Nous avions montré jusque-là devant les attaques, les insultes, le barrage de notre carrière, que nous ne nous découragions pas facilement, et notre mémorable chute ne nous faisait point renoncer au théâtre. Au contraire, elle mettait en nous la volonté entêtée et presque colère de faire une

dizaine de pièces coup sur coup, et cette foi
sans aucune concession aux ingénieuse
ficelles, au *secret*, à tout ce *charpentag*
moderne dont n'a jamais usé l'ancien, l
classique répertoire. Mais, pour cet effort
pour ce travail, il fallait avoir la santé, e
mon frère ne l'avait déjà plus. Nous nou
plongions cependant en un drame de l
Révolution vers laquelle nous nous sen
tions attirés depuis des années, et dan:
laquelle le siège de Verdun donnait l'épi
sode héroïque de la défense de la Franc
contre l'étranger. Nous étions un peu pous
sés à cette pièce, il faut l'avouer, par un
croyance à des événements prochainemen
graves. Des paroles prophétiques du gé
néral Ducrot, alors commandant à Stras
bourg, prononcées dans le salon de l
princesse Mathilde, — et qui faisaient sou
rire, — des conversations intimes ave
notre parent Édouard Lefebvre de Béhaine
premier secrétaire d'ambassade à Berlin

nous avaient donné la certitude qu'une guerre était imminente avec la Prusse. Nous écrivions donc en l'année 1867 la PATRIE EN DANGER que nous lisions au Théâtre-Français, sans la moindre illusion sur notre réception, mais pour apprendre aux autres directeurs de théâtres qu'il y avait chez nous une pièce, qu'à un certain moment ils trouveraient peut-être utile de jouer. Mais la guerre était si promptement déclarée, et le cataclysme si rapide… puis mon frère était mort au mois de juin.

LA PATRIE EN DANGER est incontestablement la meilleure pièce que nous ayons faite, elle a cela, que je ne retrouve nulle part, dans aucun drame du passé : une documentation historique qui n'a pas été encore tentée au théâtre.

Au fond, nous avons échoué au Théâtre-Français pour le crime d'être des réalistes, et sous l'accusation d'avoir fait une pièce réaliste. Eh bien, là-dessus je tiens à m'expliquer. Dans le roman, je le confesse, je suis un réaliste convaincu ; mais, au théâtre, pas le moins du monde. Ainsi, dans la pièce d'HENRIETTE MARÉCHAL, à propos de laquelle, un moment, il semblait qu'on nous fît l'honneur d'avoir inventé l'adultère au théâtre, dans cette pièce ressemblante à toutes les pièces du monde, il n'y a jamais eu pour nous qu'un acte original et bien personnel à nous : le Bal masqué. Et quand, dans cet acte, nous jetions cette poésie soupirante d'un jeune cœur qui s'ouvre au milieu de tous les bruits d'esprit, de tous les engueulements drolatiques, de toutes les folies cocasses d'une nuit d'Opéra, — pas si réelle qu'on a bien voulu le dire, — nous croyions très sincèrement faire de la fantaisie, — oui, de la fantaisie moderne, s'entend; car il n'y a pas à recommencer au XIX° siècle, n'est-ce pas, la fantaisie shakespearienne?

Nous entrevoyions si peu le théâtre de la réalité, que dans la série des pièces que nous voulions faire, nous cherchions notre théâtre à nous, exclusivement dans des bouffonneries satiriques et dans des féeries. Nous rêvions une suite de larges et violentes comédies, semblables à des fresques de maîtres, écrites sur le mode aristophanesque, et fouettant toute une société avec de l'esprit descendant de Beaumarchais, et parlant une langue ailée, une *langue littéraire parlée* que je trouve, hélas ! manquer aux meilleurs de l'heure présente : des comédies enfin où une myope Thalie ne serait plus cantonnée à regarder dans un petit coin avec une loupe. Parmi ces comédies, nous avions commencé à en chercher une dans la maladie endémique de la France de ce temps, une comédie-satire qui devait s'appeler LA BLAGUE, et dont nous avions déjà écrit quelques scènes.

Mais ce qui nous paraissait surtout tentant à bouleverser, à renouveler au théâtre : c'était la féerie, ce domaine de la fantaisie, ce cadre de toutes les imaginations, ce tremplin pour l'envolement dans l'idéalité ! Et pense-t-on ce que pourrait être une scène, balayée de la prose du boulevard et des conceptions des dramaturges de cirque, et livrée à un vrai poète au service de la poésie duquel on mettrait des machinistes, des trucs, et toutes les splendeurs et toutes les magies du costume et de la mise en scène d'un Grand Opéra ?. Et songe-t-on à quelque chose comme un BEAU PÉCOPIN représenté dans ces conditions ?... Il est vrai qu'on n'y a jamais songé, et qu'on ne songera jamais qu'aux SEPT CHÂTEAUX DU DIABLE.

Je ne suis donc pas un réaliste au théâtre, et, sur ce point, je suis en complet désaccord avec mon ami Zola et ses jeunes fidèles. Et cependant, je dois l'avouer, Zola semble logique, quand il demande, quand il appelle, quand il espère pour le réalisme un théâtre, ainsi que le romantisme a eu le sien.

Mais, lui dirai-je, que valent nos bonshommes à nous tous, sans les développements psychologiques et, au théâtre, il n'y en pas et il ne peut pas y en avoir! Puis sur les planches je ne trouve pas le champ à de profondes et intimes études des mœurs, je n'y rencontre que le terrain propre à de jolis croquetons parisiens, à de spirituels et courants crayonnages à la Meilhac-Halévy; mais, pour une recherche un peu aiguë, pour une dissection poussée à l'extrême, pour la récréation de vrais et d'*illogiques* vivants, je ne vois que le roman; et j'avancerais même que si par hasard le même sujet d'analyse sérieuse était traité à la fois par un romancier et un auteur dramatique, — l'auteur dramatique fût-il supérieur au romancier, le premier aurait l'avantage et le devrait peut-être aux facilités, aux commodités, aux aises du livre.

Et vraiment Zola se rend-il bien compte de cette boîte à convention, de cette machine de carton qu'est le théâtre, de ce tréteau enfin, sur lequel l'avarice *bouffe* de l'Avare de Molière arrive au point juste d'optique, tandis que l'humaine avarice d'un père Grandet, cette avarice si bellement étudiée, je ne suis pas bien sûr qu'elle fasse là l'effet de l'autre.

Oui, le romantisme a eu un théâtre, et il existe des raisons pour cela. Quand même le romantisme ne posséderait pas à sa tête l'homme unique qui a doté l'art dramatique de la plus sonore langue poétique qui fût jamais, le romantisme aurait un théâtre ; et, ce théâtre, il le devrait à son côté faible, à son humanité tant soit peu *sublunaire* fabriquée de faux et de sublime, à cette humanité de convention qui s'accorde merveilleusement avec la convention du théâtre. Mais, les qualités d'une humanité véritablement vraie, le théâtre les repousse par sa nature, par son factice, par son mensonge.

Et voilà comme quoi je ne crois pas au rajeunissement, à la revivification du théâtre, et comme quoi j'ai des idées particulières sur son compte. Qu'on ne me prête pas du dépit, de la mauvaise humeur, le sentiment bas et rancunier d'un homme qui ne veut pas que les autres réussissent là où il a échoué. Je vais faire une franche confession : je ne trouve pas que mon frère et moi ayons fait du théâtre à l'époque du complet développement de notre talent; sauf peut-être dans la Patrie en danger, — et encore c'est un genre pour lequel je n'ai guère plus d'estime que pour le roman historique ; — par là-dessus, j'ai brûlé mes premières pièces, n'en ai point en carton, et n'en ferai jamais plus. J'ai donc lieu de me considérer comme un impartial et désintéressé spectateur qui regarde et juge de la galerie. Eh bien! regardant et jugeant ce qui se passe, le théâtre m'apparaît comme bien malade, comme moribond presque. Oh! je sais d'avance les ironies et les mépris qui vont accueillir cette proposition, mais les ironies et les mépris de mes contemporains, après m'avoir un peu troublé au commencement de ma carrière, me laissent bien tranquille à l'heure qu'il est, et je vais dire pourquoi. Quand en 1851, dans mon premier livre, je témoignais mon admiration pour l'art japonais et que je me permettais de dire que l'art industriel de ce pays était supérieur à l'*article Paris,* un journaliste a demandé que je fusse enfermé à Charenton comme coupable de mauvais goût; aujourd'hui je crois que ledit journaliste a plus de chance d'y être mené que moi par le goût public. Quand j'entreprenais la réhabilitation des peintres du xviiie siècle, — mon ami Burty l'a imprimé, — la bibliographie des revues d'art graves rougissait de mentionner seulement les noms de ces peintres de notre pays. Aujourd'hui on peut consulter les prix de vente de leurs tableaux, et l'on s'apercevra avant peu de la révolution qu'aura amenée dans les esprits, l'exposition des Beaux-Arts de ces jours-ci. Quand je disais dans ma préface de GERMINIE LACERTEUX qu'il était possible d'intéresser le public avec « des infortunes et des larmes de peuple », on se rappelle les superbes négations qui se produisirent[1]; il me semble que les succès des

---

[1]. Les journalistes qui me disaient que ma tentative était absurde, et que seules les mœurs de la bourgeoisie présentaient de l'intérêt, ne se doutaient guère, que plus de cent ans avant, quand paraissait MARIANNE, les gazetiers jetaient à Marivaux qu'il n'y avait uniquement que les aventures de l'aristocratie qui pouvaient intéresser le public, qu'au fond les mœurs des bourgeois étaient de basses mœurs, indignes de la lecture d'un homme qui se respecte.

derniers romans *peuple* m'ont donné largement raison. Du haut de ces prétendus paradoxes, passés à l'état de vérités, de *truism*, voici aujourd'hui ma *vaticination* sur le théâtre. Avec l'évolution des genres qu'amènent les siècles, et dans laquelle est en train de passer au premier plan le roman, qu'il soit spiritualiste ou réaliste; avec le manque prochain sur la scène française de l'irremplaçable Hugo, dont la hautaine imagination et la magnifique langue planent uniquement sur le terre-à-terre général; avec le peu d'influence du théâtre actuel en Europe, si ce n'est dans les agences théâtrales; avec l'endormement des auteurs en des machines usées au milieu du renouveau de toutes les branches de la littérature; avec la diminution des facultés créatrices dans la seconde fournée de la génération dramatique contemporaine; avec les empêchements apportés à la représentation de pièces de purs hommes de lettres; avec de grosses subventions dont l'argent n'aide jamais un débutant; avec l'amusante tendance du gouvernement à n'accepter de tentatives dans un ordre élevé que de gens sans talent ; avec, dans les collaborations, le doublement du poète par un *auteur d'affaires ;* avec le remplacement de l'ancien parterre lettré de la Comédie-Française par un public d'opéra; avec... avec... avec des actrices qui ne sont plus guère pour la plupart que des porte-manteaux de Worth ; et encore avec des *avec* qui n'en finiraient pas, l'art théâtral, le grand art français du passé, l'art de Corneille, de Racine, de Molière et de Beaumarchais est destiné, dans une cinquantaine d'années tout au plus, à devenir une grossière distraction, n'ayant plus rien de commun avec l'*écriture*, le style, le bel esprit, quelque chose digne de prendre place entre des exercices de chiens savants et une exhibition de marionnettes à tirades.

Dans cinquante ans le livre aura tué le théâtre[1].

EDMOND DE GONCOURT.

Ce 11 mai 1879.

[1]. Ma préface imprimée, j'apprends que la Nuit de la Saint-Sylvestre, une des deux pièces déposées par moi au Théâtre-Français, et que je réclamais il y a trois mois, vient d'être vendue en vente publique, le 26 mai, à la vente de M. Aubry, libraire. Je signale le fait aux auteurs qui, dans le temps, auraient déposé des pièces au Théâtre-Français, et croiraient pouvoir les retirer à leur heure.

AUTOBIOGRAPHIE

JOURNAL DES GONCOURT

MÉMOIRES DE LA VIE LITTÉRAIRE

PRÉFACE DE LA PREMIÈRE ÉDITION[1]

Ce journal est notre confession de chaque soir : la confession de deux vies *inséparées* dans le plaisir, le labeur, la peine, de deux pensées jumelles, de deux esprits recevant du contact des hommes et des choses des impressions si semblables, si identiques, si homogènes, que cette confession peut être considérée comme l'expansion d'un seul *moi* et d'un seul *je*.

1. G. CHARPENTIER et Cie, éditeurs, 1887, 3 vol. in-18.

Dans cette autobiographie, au jour le jour, entrent en scène les gens que les hasards de la vie ont jetés sur le chemin de notre existence. Nous les avons *portraiturés*, ces hommes, ces femmes, dans leurs ressemblances du jour et de l'heure, les reprenant au cours de notre journal, les remontrant plus tard sous des aspects différents, et, selon qu'ils changeaient et se modifiaient, désirant ne point imiter les faiseurs de mémoires qui présentent leurs figures historiques, peintes en bloc et d'une seule pièce, ou peintes avec des couleurs refroidies par l'éloignement et l'enfoncement de la rencontre, — ambitieux, en un mot, de représenter l'ondoyante humanité dans sa *vérité momentanée*.

Quelquefois même, je l'avoue, le changement indiqué chez les personnes qui nous furent familières ou chères ne vient-il pas du changement qui s'était fait en nous? Cela est possible. Nous ne nous cachons pas d'avoir été des créatures passionnées, nerveuses, maladivement impressionnables, et par là quelquefois injustes. Mais ce que nous pouvons affirmer, c'est que si parfois nous nous exprimons avec l'injustice de la prévention ou l'aveuglement de l'antipathie irraisonnée, nous n'avons jamais menti sciemment sur le compte de ceux dont nous parlons.

Donc, notre effort a été de chercher à faire revivre auprès de la postérité nos contemporains dans leur ressemblance animée, à les faire revivre par la sténographie ardente d'une conversation, par la surprise physiologique d'un geste, par ces riens de la passion où se révèle une personnalité, par ce je ne sais quoi qui donne l'intensité de la vie; — par la notation enfin d'un peu de cette fièvre qui est le propre de l'existence capiteuse de Paris.

Et, dans ce travail qui voulait avant tout

faire vivant d'après un ressouvenir encore chaud, dans ce travail jeté à la hâte sur le papier et qui n'a pas été toujours relu — vaillent que vaillent la syntaxe au petit bonheur, et le mot qui n'a pas de passeport — nous avons toujours préféré la phrase et l'expression qui émoussaient et *académisaient* le moins le vif de nos sensations, la fierté de nos idées.

Ce journal a été commencé le 2 décembre 1851, jour de la mise en vente de notre premier livre qui parut le jour du coup d'État.

Le manuscrit tout entier, pour ainsi dire, est écrit par mon frère, sous une dictée à deux : notre mode de travail pour ces Mémoires.

Mon frère mort, regardant notre œuvre littéraire comme terminée, je prenais la résolution de cacheter le journal à la date du 20 janvier 1870, aux dernières lignes tracées par sa main. Mais alors j'étais mordu du désir amer de me raconter à moi-même les derniers mois et la mort du pauvre cher, et presque aussitôt les tragiques événements du siège et de la Commune m'entraînaient à continuer ce journal, qui est encore, de temps en temps, le confident de ma pensée.

EDMOND DE GONCOURT.

Schliersée, août 1872.

Ce journal ne devait paraître que vingt ans après ma mort. C'était, de ma part, une résolution arrêtée, lorsque l'an dernier, dans un séjour que je faisais à la campagne, chez Alphonse Daudet, je lui lisais un cahier de ce journal, que sur sa demande j'avais pris avec moi. Daudet prenait plaisir à la lecture, s'échauffait sur l'intérêt des choses racontées sous le coup de l'impression, me sollicitait d'en publier des fragments, mettait une douce violence à emporter ma volonté, en parlait à notre ami commun,

Francis Magnard, qui avait l'aimable idée de les publier dans le Figaro.

Or voici ce journal, ou du moins la partie qu'il est possible de livrer à la publicité de mon vivant et du vivant de ceux que j'ai étudiés et peints *ad vivum.*

Ces mémoires sont absolument inédits, toutefois il m'a été impossible de ne pas à peu près rééditer, par-ci, par-là, tel petit morceau d'un roman ou d'une biographie contemporaine, qui se trouve être une page du journal, employée comme document dans ce roman ou cette biographie.

Je demande enfin au lecteur de se montrer indulgent pour les premières années, où nous n'étions que d'assez imparfaits rédacteurs de la *note d'après nature;* puis il voudra bien songer aussi qu'en ce temps de début, nos relations étaient très restreintes et, par conséquent, le champ de nos observations assez borné [1].

E. DE G.

---

1. Je refonds dans notre Journal le petit volume des Idées et Sensations qui en étaient tirées, en les remettant à leur place et à leur date.

HISTOIRE

HISTOIRE
DE
LA SOCIÉTÉ FRANÇAISE
PENDANT LA RÉVOLUTION[1]

HISTOIRE DE LA SOCIÉTÉ FRANÇAISE PENDANT LE DIRECTOIRE

PRÉFACE DE LA PREMIÈRE ÉDITION DE *LA SOCIÉTÉ PENDANT LA RÉVOLUTION*

Ceci n'est pas une préface. C'est un simple et court avertissement.

Pour cet essai de reconstruction d'une société si proche tout à la fois et si éloignée de nous, nous avons consulté environ

---

1. E. Dentu, libraire, 1854, 1 vol. in-8.

quinze mille documents contemporains : journaux, livres, brochures, etc. C'est dire que derrière le plus petit fait avancé dans ces pages, derrière le moindre mot, il est un document que nous nous tenons prêts à fournir à la critique. C'est dire que cette histoire intime appartient, sinon à l'histoire grave, au moins à l'histoire sérieuse.

Si nous n'avons pas indiqué toutes nos sources, c'est qu'il eût fallu, pour ce faire, doubler notre volume. Le public n'ignore pas que le catalogue des journaux de la Révolution, dressé par Deschiens, forme seul un volume in-8 de 465 pages. La conscience de n'avoir rien pris au roman et de ne lui avoir rien donné, est notre seule excuse dans une tentative si grande.

Il nous reste à remplir un agréable devoir et à satisfaire notre reconnaissance sans nous délier d'elle. Remercions tout haut les obligeances. M. Peyrot possesseur d'une précieuse collection sur la Révolution française l'a mise toute à notre disposition, avec un empressement et une grâce de bon office qui méritent qu'on n'en soit pas oublieux. Un savant trop modeste, M. Ménétrier, nous a communiqué livres et renseignements, de la façon la plus aimable et la plus bienveillante.

Un dernier mot. Pour être complète, l'histoire de la société française pendant la Révolution, demande un autre volume l'Histoire de la société française pendant le Directoire : l'accueil que fera le public à ce premier volume décidera si nous irons jusqu'au bout de notre œuvre.

EDMOND ET JULES DE GONCOURT.

31 janvier 1854.

PRÉFACE DE *L'HISTOIRE DE LA SOCIÉTÉ PENDANT LE DIRECTOIRE* [1]

L'histoire de LA SOCIÉTÉ FRANÇAISE PENDANT LA RÉVOLUTION, n'a qu'à se louer du public et de la critique : le public l'a lue ; la critique en a parlé.

Des reproches qui ont été faits aux auteurs dans les journaux et les revues, quelques-uns leur ont paru mériter plus particulièrement une réponse.

On a reproché aux auteurs de n'avoir point négligé l'anecdote, le détail, le coin intime des hommes et des choses. — Les auteurs répondront, pour leur défense, qu'ils ont été entraînés dans cette voie par deux anecdotiers, leurs maîtres : Plutarque et Saint-Simon.

On a reproché aux auteurs d'avoir

1. E. Dentu, libraire, 1855, 1 vol. in-8.

donné un tableau du développement de la prostitution pendant les années révolutionnaires, et de n'avoir point imité la chasteté de plume de Tacite. — Les auteurs répondront que l'historien des Césars n'a pas écrit l'histoire de la société romaine, et que ceux-là qui veulent savoir les mœurs, aux temps des Néron et des Locuste, se résignent à garder dans leur bibliothèque Juvénal à côté de Tacite.

On a reproché aux auteurs d'avoir placé, en 1789, la société française à Paris, au lieu de l'avoir placée en province ; on a reproché aux auteurs « dont le nom semble révéler une vieille origine provinciale », d'avoir commis ce contresens au mépris des traditions de famille. — Les auteurs ont remonté leur famille : ils ont trouvé en 1789, leur grand-père Huot de Goncourt, non en province, mais à Paris, député du Bassigni à l'Assemblée nationale.

On a reproché aux auteurs, ici, des opinions ; là, des indifférences politiques. — Les auteurs n'ont rien à répondre.

- Le public a paru désirer la preuve de tous les documents employés. Les auteurs sont d'autant plus heureux de se rendre à ce vœu du public, que le public appréciera plus nettement ainsi ce que coûte de recherches la petite histoire.

Les auteurs veulent, au bout de ces quelques lignes, assurer de leur gratitude profonde M. François Barrière, qui, dans le JOURNAL DES DÉBATS les a payés de deux années de veilles, et qui a bien voulu donner à leur travail historique l'autorité d'une critique compétente et presque d'un témoignage contemporain.

EDMOND ET JULES DE GONCOURT.

31 janvier 1855.

NOUVELLE PRÉFACE DE *L'HISTOIRE DE LA SO-CIÉTÉ FRANÇAISE PENDANT LA RÉVOLUTION ET PENDANT LE DIRECTOIRE* [1]

L'histoire politique de la Révolution est faite et se refait tous les jours.

L'histoire sociale de la Révolution a été tentée pour la première fois dans ces études qui ont aujourd'hui l'honneur d'une nouvelle édition : l'HISTOIRE DE LA SOCIÉTÉ FRANÇAISE PENDANT LA RÉVOLUTION, que va suivre l'HISTOIRE DE LA SOCIÉTÉ PENDANT LE DIRECTOIRE, en ce moment sous presse.

Peindre la France, les mœurs, les âmes, la physionomie nationale, la couleur des choses, la vie et l'humanité de 1789 à 1800, — telle a été notre ambition.

Pour cette nouvelle histoire, il nous a

1. *Librairie académique*, Didier et Cⁱᵉ, libraires-éditeurs, 1865, 2 vol. in-18.

fallu découvrir les nouvelles sources du Vrai, demander nos documents aux journaux, aux brochures, à tout ce monde de papier mort et méprisé jusqu'ici, aux autographes, aux gravures, aux dessins, aux tableaux, à tous les monuments intimes qu'une époque laisse derrière elle pour être sa confession et sa résurrection.

Le public et la critique ont bien voulu nous tenir compte de notre travail : nous les en remercions.

EDMOND ET JULES DE GONCOURT.

Mai 1864.

PORTRAITS INTIMES

DU

DIX-HUITIÈME SIÈCLE

PRÉFACE DE LA PREMIÈRE ÉDITION[1]

Quand les civilisations commencent, quand les peuples se forment, l'histoire est *drame* ou *geste*. Qu'elle soit fable, qu'elle soit roman, l'histoire est action. Qu'elle raconte Hercule ou Roland, elle dit l'homme dans le mouvement et dans les entreprises de son corps; elle le montre dans l'exer-

---

[1]. E. Dentu (1857-1858), 2 vol. in-16.

cice de sa force; elle le représente en ses dehors.

Cependant il arrive que le monde s'apaise. Autour de l'homme, les choses ont perdu leur violence. L'idée désarme le fait. L'âme de l'humanité se recueille. Le *gnothi séauton* des âges modernes renouvelle l'esprit mûr des peuples. Hamlet est venu. La psychologie naît. L'analyse entre dans la « caverne » de Bacon. Rousseau, Benjamin Constant, Chateaubriand, Byron, récitant leur cœur, récitent le cœur humain. L'homme écoute en lui.

Par une évolution pareille et simultanée, l'histoire va du héros à l'homme, de l'action au mobile, du corps à l'âme ; et elle se tourne vers cette biographie que Montaigne appelle « l'anatomie de la philosophie, par laquelle les plus abstruses parties de notre nature se pénètrent ».

Les siècles qui ont précédé notre siècle ne demandaient à l'historien que le personnage de l'homme, et le portrait de son génie. L'homme d'État, l'homme de guerre, le poète, le peintre, le grand homme de science ou de métier étaient montrés seulement en leur rôle, et comme en leur jour public, dans cette œuvre et cet effort dont hérite la postérité. Le XIXe siècle demande l'homme qui était cet homme d'État, cet homme de guerre, ce poète, ce peintre, ce grand homme de science ou de métier. L'âme qui était en cet acteur, le cœur qui a vécu derrière cet esprit, il les exige et les réclame; et s'il ne peut recueillir tout cet être moral, toute la vie intérieure, il commande du moins qu'on lui en apporte une trace, un jour, un lambeau, une relique.

Là est la curiosité nouvelle de l'histoire, et le devoir nouveau de l'historien. Tout conspire à ce grand et légitime mouvement. Chaque jour lui apporte sa sanction. Voilà que les plumes les plus illustres s'y associent; voilà que les intelligences les plus sérieuses, séduites et gagnées par la fragilité même d'aimables figures, pratiquent, dans une amoureuse familiarité, et dans leurs grâces les plus secrètes, les âmes charmantes d'un grand siècle. Et qu'est-ce donc cette science sans dédains, cette peinture qui descend à tout sans s'amoindrir, cette sagacité déductive, cette reconstruction du microcosme humain avec un grain de sable? C'est l'histoire intime; c'est ce roman vrai que la postérité appellera peut-être un jour l'*histoire humaine*.

Mais où chercher les sources nouvelles d'une telle histoire? Où la surprendre, où l'écouter, où la confesser? Où découvrir les images privées? Où reprendre la vie psychique, où retrouver le for intérieur, où ressaisir l'humanité de ces morts? Dans ce rien méprisé par l'histoire des temps passés, dans ce rien, chiffon, poussière, jouet du vent! — la lettre autographe.

Qui révélera mieux que la lettre autographe la tête et le cœur de l'individu ? Quoi donc sera une déposition plus fidèle et plus indiscrète du *moi*? Quoi donc, un battement plus plein et plus juste du pouls de l'intelligence? Quoi donc, une manifestation plus émue de la personnalité de l'âme pendant sa vie terrestre? Où l'homme enfin avouera-t-il davantage l'homme, qu'en ces lignes échappées de sa main ?

Seule, la lettre autographe fera toucher du doigt le jeu nerveux de l'être sous le choc des choses, la pesée de la vie, la tyrannie des sensations. Seule, elle dira les penchants, les goûts, les inclinations, les instincts, le secret conseil où se règlent les actions de l'homme. Seule, elle dira le pourquoi et le comment de cette œuvre, de cette volonté devenue fait. Seule, elle fera entrer dans l'esprit et dans toute l'audace de l'idée. Seule, elle montrera sur le vif cette santé de l'esprit : l'humeur. Seule,

la lettre autographe sera le confessionna[l]
où vous entendrez le rêve de l'imaginatio[n]
de la créature, ses tristesses et ses gaie[-]
tés, ses fatigues et ses retours, ses défai[l-]
lances et ses orgueils, sa lamentation [et]
son inguérissable espoir.

Miroir magique où se passe l'intentio[n]
visible, et la pensée nue ! Ce papier tach[é]
d'encre, c'est le greffe où est déposée l'âm[e]
humaine. Quelle lumière dans la nuit d[u]
temps ! Quelle survie de l'homme ! Quel[le]
immortalité des grandeurs et des misèr[es]
de notre nature ! Quelle résurrection, -
la lettre autographe, — ce silence qui d[it]
tout !

Nous tentons de reconstruire avec [la]
lettre autographe, figure à figure, un siè[cle]
que nous aimons. Nous essayons de ra[ni-]
mer ces hommes et ces femmes, quelqu[e-]
fois avec une correspondance, trop so[u-]
vent avec une lettre. Hélas ! le feu,

révolution, les épiciers ont fait nos documents bien rares.

Le lecteur ne doit pas s'attendre à trouver ici une suite de vies entières. Nous ne voulons point redire les biographies déjà dites. Nous voulons seulement ajouter aux recherches connues, aux documents publiés, l'inconnu et l'inédit, nous réservant de raconter d'un bout à l'autre, de peindre en pied, les personnages *oubliés ou dédaignés* par l'histoire.

Si peu que vaille notre tentative, elle est digne de la clémence du public. Elle mérite qu'on ne la chicane point trop sur son mode et son ordre, et qu'on n'exige pas d'elle plus qu'il n'est juste. Les autographes sont épars, disséminés par toute l'Europe. Les collectionneurs ne possèdent qu'une lettre de chacun. Bien des ventes se passent sans vous rien apporter sur l'homme que vous poursuivez. Il faut courir les bibliothèques, acheter, obtenir communication, rassembler, par mille moyens et par mille fatigues, les éléments uniques et dispersés du travail. Grande tâche! pour laquelle nous avons plus consulté peut-être notre zèle que nos forces.

Voici donc notre butin : la première galerie d'un xviiie siècle peint par lui-même, vingt portraits, ou bustes, ou médaillons nouveaux, et pris dans le plus intime intérêt autobiographique. Le livre eût été impossible, sans l'aide, le concours, les communications obligeantes des amateurs d'autographes. Remercions donc de notre mieux M. F. Barrière, M. le marquis de Flers, M. Boutron, M. Chambry, M. Dentu, M. Fossé d'Arcosse, etc., qui ont bien voulu mettre leurs richesses à notre disposition, et quelque prix à notre reconnaissance [1].

1. Note de la seconde édition. Des changements ont été apportés à la première édition. Indépendamment de corrections et d'additions, des notices qui

ont pris ou doivent prendre leur place naturelle dans d'autres livres, telles que les notices de Watteau, de la du Barry, de la Camargo, ont été remplacées par des études sur Lagrenée l'aîné, sur Collin d'Harleville, sur la comtesse d'Albany.

EDMOND ET JULES DE GONCOURT.

30 octobre 1856.

HISTOIRE

DE

MARIE-ANTOINETTE

PRÉFACE DE L'ÉDITION ILLUSTRÉE[1]

Les auteurs de ce livre ont eu la fortune de peindre en pied une MARIE-ANTOINETTE que les récentes publications des *Archives* de Vienne n'ont pas sensiblement modifiée.

En effet, ils ne donnent pas pour le portrait de la Reine, la figure de convention, l'espèce de fausse duchesse d'Angoulême,

---

[1]. G. CHARPENTIER, éditeur, 1878, 1 vol. grand in-8, illustré d'encadrements de pages et de reproductions de tableaux, dessins, gravures du temps.

fabriquée par la Restauration. Ils montrent une femme, une femme du xviii° siècle aimant la vie, l'amusement, la distraction, ainsi que l'aime, ainsi que l'a toujours aimée la jeunesse de la beauté, une femme un peu vive, un peu folâtre, un peu moqueuse, un peu étourdie, mais une femme honnête, mais une femme pure, qui n'a jamais eu, selon l'expression du prince de Ligne, « qu'une coquetterie de Reine pour plaire à tout le monde ».

Il ne faut pas oublier que Marie-Antoinette avait quinze ans et demi, lorsqu'elle arrive en France, lorsqu'elle tombe dans ce royaume du *papillotage* et du Plaisir, parmi cette génération de Françaises qui semblent représenter la Déraison, dans l'agitation fiévreuse de leurs existences futiles et vides. Demander à cette jeune fille d'échapper entièrement aux milieux dans lesquels sa vie se passe, de n'appartenir en rien à l'humanité de sa nouvelle patrie :

c'est exiger de la Nature qu'elle ait fait un miracle, — et elle n'en fait pas.

Mais cependant allons au fond des rapports de Mercy-Argenteau et des lettres de Marie-Thérèse, lettres devenues des armes aux mains des ennemis de la mémoire de la Reine, etc. Qu'y trouvons-nous? Ici la sévère mère reproche à sa fille de monter à cheval, là d'aller au bal, plus loin de porter des plumes extravagantes, plus loin encore d'acheter des diamants. Elle la gronde « d'avoir de la curiosité et de ne s'entretenir qu'avec de jeunes dames, de se laisser aller à des propos inconséquents, de manquer de goût pour les occupations solides »... Je le demande en conscience aux lecteurs sans passion politique, s'il existait pour la jolie femme la plus humainement parfaite du monde, de seize à vingt-cinq ans, un procès-verbal, jour par jour, de toutes les *grogneries* des vieux parents à propos de sa toilette, de son amour de la danse, de sa naturelle envie de s'amuser et de plaire, le dossier accusateur de cette jolie femme ne serait-il point aussi volumineux que celui de Marie-Antoinette?

EDMOND DE GONCOURT.

LES

MAITRESSES DE LOUIS XV

PRÉFACE DE LA PREMIÈRE ÉDITION[1]

En donnant ces volumes au public, nous achevons la tâche que nous nous étions imposée. L'histoire du xviii° siècle, que nous avons tenté d'écrire, est aujourd'hui complète. Chacune des périodes de temps, chacune des révolutions d'état et de mœurs qui constituent le siècle, depuis Louis XV jusqu'à Napoléon, a été étudiée par nous, selon notre conscience et selon

---

1. Librairie de Firmin Didot fils, frères et Cⁱᵉ, 1860, 2 volumes in-8°.

nos forces. L'Histoire des maitresses de Louis XV mène le lecteur de 1730 à 1775 ; l'Histoire de Marie-Antoinette le mène de 1775 à la Révolution ; l'Histoire de la société française pendant la Révolution le mène de 1789 à 1794 ; l'Histoire de la société française pendant le Directoire le mène enfin de 1794 à 1800. Ainsi tout le siècle tient dans ces quatre études, qui sont comme les quatre âges de l'époque qui nous a précédés et de la France d'où sont sortis le siècle contemporain et la patrie présente.

Le titre de ces livres suffirait à montrer le dessein que nous avons eu, et le but auquel nous avons osé aspirer. C'est par l'histoire des maîtresses de Louis XV que nous avons essayé l'histoire du règne de Louis XV ; c'est par l'histoire de Marie-Antoinette que nous avons essayé l'histoire du règne de Louis XVI ; c'est par l'histoire de la société pendant la Révolution et pendant le Directoire que nous avons essayé l'histoire de la Révolution.

Ajoutons cependant à cette signification des titres les courtes explications nécessaires à la justification, à l'intelligence et à l'autorité d'une histoire nouvelle.

Aux premiers jours où, dans les agrégations d'hommes, l'homme éprouve le besoin d'interroger le passé et de se survivre à lui-même dans l'avenir ; quand la famille humaine réunie commence à vouloir remonter jusqu'à ses origines, et s'essaye à fonder l'héritage des traditions, à nouer la chaîne des connaissances qui unissent et associent les générations aux générations, ce premier instinct, cette première révélation de l'histoire, s'annonce par la curiosité et la crédulité de l'enfance. L'imagination, ce principe et cette faculté mère des facultés humaines, semble, dans ces premières chroniques, éveiller la vérité au berceau. C'est comme le bégayement du monde où, confusément, passent les rêves de sa première patrie, les songes et les merveilles de l'Orient. Tout y est énorme et monstrueux, tout y est flottant et poétique comme dans un crépuscule. Voilà les premières annales, et ce qui succède à ces recueils de vers mnémoniques, hier toute la mémoire de l'humanité, et toute la conscience qu'elle avait, non de sa vie, mais de son âge : l'Histoire commence par un conte épique.

Bientôt la famille humaine devient la patrie; et sous les regards satisfaits de cette Providence que les anciens voyaient sourire du haut du ciel aux sociétés d'hommes, les hommes se lient par la loi et le droit, et se transmettent le patrimoine de la chose publique. La pratique de la politique apporte l'expérience à l'esprit humain. Dans toutes les facultés humaines, il se fait la révolution qui substitue la parole au chant, l'éloquence à l'imagination. Le rapsode est devenu citoyen, et le conte épique devient un discours : l'histoire est une tribune où un homme, doué de cette harmonie des pensées et du ton que les Latins appelaient *uberté*, vient plaider la gloire de son pays et témoigner des grandes choses de son temps.

Puis arrive l'heure où les crédulités de l'enfance, les illusions de la jeunesse abandonnent l'humanité. L'âge légendaire de la Grèce est fini ; l'âge républicain de Rome est passé. La patrie est un homme et n'est plus qu'un homme : et c'est l'homme même que l'histoire va peindre. Il s'élève alors, dans le monde asservi et rempli de silence, un historien nouveau et prodigieux qui fait de l'Histoire, non plus la tradition des fables de son temps, non plus la tribune d'une patrie, mais la déposition de l'humanité, la conscience même du genre humain.

Telle est la marche de l'Histoire antique. Fabuleuse avec Hérodote, oratoire avec Thucydide et Tite-Live, elle est humaine avec Tacite. L'Histoire humaine, voilà l'histoire moderne ; l'histoire sociale, voilà la dernière expression de cette histoire.

Cette histoire nouvelle, l'histoire sociale, embrassera toute une société. Elle l'embrassera dans son ensemble et dans ses détails, dans la généralité de son génie aussi bien que dans la particularité de ses manifestations. Ce ne seront plus seulement les actes officiels des peuples, les symptômes publics et extérieurs d'un état ou d'un système social, les guerres, les combats, les traités de paix, qui occuperont et rempliront cette histoire. L'histoire sociale s'attachera à l'histoire qu'oublie ou dédaigne l'histoire politique. Elle sera l'histoire privée d'une race d'hommes, d'un siècle, d'un pays. Elle étudiera et définira les révolutions morales de l'humanité, les formes temporelles et locales de la civilisation. Elle dira les idées portées par un monde, et d'où sont sorties les lois qui ont renouvelé ce monde. Elle dira ce caractère des nations, les mœurs qui commandent aux faits. Elle retrouvera, sous la cendre des bouleversements, cette mémoire vivante et présente que nous a gardée, d'un grand empire évanoui, la cendre du volcan de Naples. Elle pénétrera jusqu'au foyer, et en montrera les dieux lares et les religions familières. Elle entrera dans les intimités et dans la confidence de l'âge humain qu'elle se sera donné mission d'évoquer. Elle représentera cet âge sur son théâtre même, au milieu de ses entours, assis dans ce monde de choses auquel un temps semble laisser l'ombre et comme le parfum de ses habitudes. Elle redira le ton de l'esprit, l'accent de l'âme des hommes qui ne sont plus. Elle fera à la femme, cette grande actrice méconnue de l'histoire, la place que lui a faite l'humanité moderne dans le gouvernement des mœurs et de l'opinion publique. Elle ressuscitera un monde disparu, avec ses misères et ses grandeurs, ses abaissements et ses grâces. Elle ne négligera rien pour peindre l'humanité en pied. Elle tirera de l'anecdote le bronze ou l'argile de ses figures. Elle cherchera partout l'écho, partout la vie d'hier; et elle s'inspirera de tous les souvenirs et des moindres témoignages pour retrouver ce grand secret d'un temps qui est la règle de ses institutions : l'esprit social, — clef perdue du droit et des lois du monde antique.

Et lors même que cette histoire prendra pour cadre la biographie des personnages historiques, l'unité de son sujet ne lui ôtera rien de son caractère et ne diminuera rien de sa tâche. Elle groupera, autour de cette figure choisie, le temps qui l'aura entourée. Elle associera à cette vie, qui dominera le siècle ou le subira, la vie complexe de ce siècle ; et elle fera mouvoir, derrière le personnage qui portera l'action et l'intérêt du récit, le chœur des idées et des passions contemporaines. Les pensées, les caractères, les sentiments, les hommes, les choses, l'âme et les dehors d'un peuple apparaîtront dans le portrait de cette personnalité où l'humanité d'un temps se montrera comme en un grand exemple.

Pour une pareille histoire, pour cette reconstitution entière d'une société, il faudra que la patience et le courage de l'historien demandent des lumières, des documents, des secours à tous les signes, à toutes les traces, à tous les restes de l'époque. Il faudra que sans lassitude il rassemble de toutes parts les éléments de son œuvre, divers comme son œuvre même. Il aura à feuilleter les histoires du temps, les dépositions personnelles, les historiographes, les mémorialistes. Il recourra aux roman ciers, aux auteurs dramatiques, aux conteurs, aux poètes comiques. Il feuilletera les journaux, et descendra à ces feuilles éphémères et volantes, jouets du vent, trésors du curieux, tout étonnées d'être pour la première fois feuilletées par l'étude : brochures, *sottisiers*, pamphlets, *gazetins*, factums. Mais l'imprimé ne lui suffira pas : il frappera à une source nouvelle, il ira aux confessions inédites de l'époque, aux lettres autographes, et il demandera à ce papier vivant la franchise crue de la vérité et la vérité intime de l'histoire. Mais les livres, les lettres, la bibliothèque et le cabinet noir du passé, ne seront point encore assez pour cet historien : s'il veut saisir son siècle sur le vif et le peindre tout chaud, il sera nécessaire qu'il pousse au delà du papier imprimé ou écrit. Un siècle a d'autres outils de survie, d'autres instruments et d'autres monuments d'immortalité : il a, pour se témoigner au souvenir et durer au regard, le bois, le cuivre, la laine même et la soie, le ciseau de ses sculpteurs, le pinceau de ses peintres, le burin de ses graveurs, le compas de ses architectes. Ce sera dans ces reliques d'un temps, dans son art, dans son industrie, que l'historien cherchera et trouvera ses accords. Ce sera dans la communion de cette inspiration d'un temps, sous la possession de son charme et de son sourire, que l'historien arrivera à vivre par la pensée aussi bien que par les yeux dans le passé de son étude et de son choix, et à donner à son histoire cette vie de la ressemblance, la physionomie de ce qu'il aura voulu peindre.

Cette histoire qui demande ces travaux, ces recherches, cette assimilation et cette intuition, nous l'avons tentée. Nos livres en ont indiqué, croyons-nous, les limites, le dessin général, les droits et les devoirs. Cela nous suffit; et tous nos efforts seront payés, toutes nos ambitions seront satisfaites, si nous avons frayé à de meilleurs que nous la voie que nous avaient montrée Alexis Monteil et Augustin Thierry.

Il nous reste à dire quelques mots du présent livre : LES MAITRESSES DE LOUIS XV, pour en définir la moralité et l'enseignement.

La leçon de ce long et éclatant scandale sera l'avertissement que la Providence s'est plu à donner à l'avenir par la rencontre en un même règne de trois règnes de femmes, et la domination successive de la femme des trois ordres du temps, de la femme de la noblesse : Mme de la Tournelle; de la femme de la bourgeoisie : Mme de Pompadour; de la femme du peuple : Mme du Barry. Le livre qui racontera l'histoire de ces femmes montrera comment la maîtresse, sortie du haut, du milieu ou du bas de la société, comment la femme avec son sexe et sa nature, ses vanités, ses illusions, ses engouements, ses faiblesses, ses petitesses, ses fragilités, ses tyrannies et ses caprices, a tué la royauté en compromettant la volonté ou en avilissant la personne du Roi. Il convaincra encore les favorites du xviiie siècle d'une autre œuvre de destruction : il leur rapportera l'abaissement et la fin de la noblesse française. Il rappellera comment, par les exigences de leur toute-puissance, par les lâchetés et les agenouillements qu'elles obtinrent autour d'elles d'une petite partie de cette noblesse, ces trois femmes anéantirent dans la monarchie des Bourbons ce que Montesquieu appelle si justement le ressort des monarchies : l'honneur ; comment elles ruinèrent cette base d'un état qui est le gage du lendemain d'une société : l'aristocratie ; comment elles firent que la noblesse de France, celle qui les approchait aussi bien que celle qui mourait sur les champs de bataille, et celle qui donnait à la province l'exemple des vertus domestiques, enveloppée tout entière dans les calomnies, les accusations et les mépris de l'opinion publique, arriva comme la royauté, désarmée et découronnée, à la révolution de 1789.

Ce livre, comme les livres qui l'ont précédé, a été écrit en toute liberté et en toute sincérité. Nous l'avons entrepris sans préjugés, nous l'avons achevé sans complaisances. Ne devant rien au passé, ne demandant rien à l'avenir, il nous a été permis de parler du siècle de Louis XV, sans injures comme sans flatteries. Peut-être les partis les plus contraires seront-ils choqués, peut-être les passions contemporaines seront-elles scandalisées de trouver en une telle matière et sur un temps une si singulière impartialité, une justice si peu appliquée à les satisfaire. Mais quoi? Celui-là ne ferait-il pas tout à la fois la tâche de l'histoire bien misérable et sa récompense bien basse, qui donnerait pour ambition à l'historien l'applaudissement du présent? Il est dans un ancien une grande et magnifique image qui montre à notre conscience de plus hautes espérances, et doit la convier à de plus nobles devoirs. L'architecte qui construisit la tour de Pharos, grava son nom dans la pierre, et le recouvrit d'un enduit de plâtre sur lequel il écrivit le nom du roi qui régnait alors. Avec le temps le plâtre tomba, laissant voir aux marins battus des flots : *Sostrate de Cnide, fils de Dexiphane...* « Voilà comment il faut écrire l'histoire, » dit Lucien, et c'est le dernier mot de son Traité de l'histoire.

EDMOND ET JULES DE GONCOURT.

Paris, février 1860.

Cette biographie des MAITRESSES DE LOUIS XV[1], écrite il y a bien des années, quand je me suis mis tout dernièrement à la relire et à la retravailler, m'a semblé manquer de certaines qualités historiques. Le livre, à la lecture, m'a fait l'impression d'une histoire renfermant trop de jolie rhétorique, trop de morceaux de littérature, trop d'*airs de bravoure,* placés côte à côte, sans un récit qui les espace et les relie.

J'ai trouvé aussi qu'en cette étude, on ne sentait pas la succession des temps, que les années ne jouaient pas en ces pages le rôle un peu lent qu'elles jouent dans les événements humains; que les faits, quelquefois arrachés à leur chronologie et toujours groupés par tableaux, se précipitaient, sans donner à l'esprit du lecteur

---

1. Addition à la préface de l'édition de 1860, qui se trouve dans l'édition en trois volumes in-18, publiés par J. CHARPENTIER, 1878-1879.

l'idée de ces règnes et de ces dominations de femmes.

Même ces souveraines de l'amour que nous avions tenté de faire revivre, ne m'apparaissaient pas assez pénétrées dans l'intimité et le vif de leur *féminilité* particulière, de leur manière d'être, de leurs gestes, de leurs habitudes de corps, de leur parole, du son de leur voix... pas assez peintes, en un mot, ainsi qu'elles auraient pu l'être par des contemporains.

Cette histoire me paraissait enfin trop sommaire, trop courante, trop écrite à vol d'oiseau, si l'on peut dire. En ces années, il existait chez mon frère et moi, il faut l'avouer, un parti pris, un système, une méthode qui avait l'horreur des redites. Nous étions alors passionnés pour l'*inédit* et nous avions, un peu à tort, l'ambition de faire de l'histoire absolument neuve, tout pleins d'un dédain exagéré pour les notions et les livres vulgarisés.

Ce sont toutes ces choses et d'autres encore qui manquaient à ce livre, lors de sa première apparition, que j'ai tâché d'introduire dans cette nouvelle édition, m'appliquant à apporter dans la résurrection de mes personnages, la réalité cruelle que mon frère et moi avons essayé d'introduire dans le roman, m'appliquant à les dépouiller de cette couleur *épique* que l'Histoire a été jusqu'ici toujours disposée à leur attribuer, même aux époques les plus décadentes.

Cette histoire des Maitresses de Louis XV, publiée dans le principe en deux volumes, je la réédite, aujourd'hui, en trois volumes indépendants l'un de l'autre et ayant pour titre :

La duchesse de Chateauroux et ses sœurs.

Madame de Pompadour.

La du Barry.

Trois volumes contenant la vie des trois grandes Maîtresses déclarées, et qui sont, en ce siècle de la toute-puissance de la femme, « l'Histoire de Louis XV », depuis sa puberté jusqu'à sa mort.

EDMOND DE GONCOURT.

Août 1878.

LA
FEMME AU XVIIIe SIÈCLE

PRÉFACE DE LA PREMIÈRE ÉDITION[1]

Un siècle est tout près de nous. Ce siècle a engendré le nôtre. Il l'a porté et l'a formé. Ses traditions circulent, ses idées vivent, ses aspirations s'agitent, son génie lutte dans le monde contemporain. Toutes nos origines et tous nos caractères sont en lui : l'âge moderne est sorti de lui et datera de lui. Il est une

---

1. Librairie Firmin-Didot et Cie, 1862, 1 volume in-8.

ère humaine, il est le siècle français par excellence.

Ce siècle, chose étrange! a été jusqu'ici dédaigné par l'histoire. Les historiens s'en sont écartés comme d'une étude compromettante pour la considération et la dignité de leur œuvre historique. Il semble qu'ils aient craint d'être notés de légèreté, en s'approchant de ce siècle dont la légèreté n'est que la surface et le masque.

Négligé par l'histoire, le xviiie siècle est devenu la proie du roman et du théâtre, qui l'ont peint avec des couleurs de vaudeville, et ont fini par en faire comme le siècle légendaire de l'opéra-comique.

C'est contre ces mépris de l'histoire, contre ces préjugés de la fiction et de la convention, que nous entreprenons l'œuvre, dont ce volume est le commencement.

Nous voulons, s'il est possible, retrouver et dire la vérité sur ce siècle inconnu ou méconnu, montrer ce qu'il a été réellement, pénétrer de ses apparences jusqu'à ses secrets, de ses dehors jusqu'à ses pensées, de sa sécheresse jusqu'à son cœur, de sa corruption jusqu'à sa fécondité, de ses œuvres jusqu'à sa conscience. Nous voulons exposer les mœurs de ce temps qui n'a eu d'autres lois que ses mœurs. Nous voulons aller, au-dessous ou plutôt au-dessus des faits, étudier dans toutes les choses de cette époque les raisons de cette époque et les causes de cette humanité. Par l'analyse psychologique, par l'observation de la vie individuelle et de la vie collective, par l'appréciation des habitudes, des passions, des idées, des modes morales aussi bien que des modes matérielles, nous voulons reconstituer tout un monde disparu, de la base au sommet, du corps à l'âme.

Nous avons recouru, pour cette reconstitution, à tous les documents du temps, à tous ses témoignages, à ses moindres signes. Nous avons interrogé le livre et la brochure, le manuscrit et la lettre. Nous avons cherché le passé partout où le passé respire. Nous l'avons évoqué dans ces monuments peints et gravés, dans ces mille figurations qui rendent au regard et à la pensée la présence de ce qui n'est plus que souvenir et poussière. Nous l'avons poursuivi dans le papier des greffes, dans les échos des procès, dans les mémoires judiciaires, véritables archives des passions humaines qui sont la confession du foyer. Aux éléments usuels de l'histoire, nous avons ajouté tous les documents nouveaux, et jusqu'ici ignorés, de l'histoire morale et sociale.

Trois volumes, si nous vivons, suivront ce volume de LA FEMME AU XVIII° SIÈCLE. Ces trois volumes seront : L'HOMME, L'ÉTAT, PARIS[1] ; et notre œuvre ainsi complétée,

1. Ces trois volumes sont restés à l'état de projets.

nous aurons mené à fin une histoire qui peut-être méritera quelque indulgence de l'avenir : L'HISTOIRE DE LA SOCIÉTÉ FRANÇAISE AU XVIII° SIÈCLE.

EDMOND ET JULES DE GONCOURT.

Paris, février 1862.

SOPHIE ARNOULD

PRÉFACE DE LA PREMIÈRE ÉDITION[1]

Nous achetâmes, il y a deux ans, chez M. Charavay, une liasse de papiers, — ne sachant guère ce que nous achetions. Dans cette liasse se trouvaient pêle-mêle des documents, des notes, des extraits, des fragments, l'ébauche d'une étude sur Sophie Arnould, des mémoires inachevés de la chanteuse, attribués par le manuscrit à Sophie elle-même, enfin des copies de lettres de Sophie.

[1]. Poulet-Malassis et de Broise, 1861. 1 vol. in-18.

Une lecture attentive de ces dernières amena la conviction dans notre esprit : ces lettres étaient incontestablement de Sophie ; mais si nous n'avions pas de doute, le public avait le droit d'en avoir. Il fallait les preuves. Les catalogues d'autographes nous les fournirent immédiatement. Des copies que nous possédions, nous rencontrions des extraits, publiés d'après les originaux, dans les catalogues de vente de lettres du 3 février et du 14 mai 1845, du 16 avril 1849, du 10 mars 1847, du 2 mars 1854. Plus tard, une lettre dont nous faisions l'acquisition, chez M. Laverdet, se trouvait être le double, exactement textuel, d'une de nos copies ; plus tard encore, une lettre de Sophie, relative à la machine infernale de la rue Saint-Nicaise, que voulait bien nous communiquer M. Chambry, présentait la reproduction littérale d'une autre de nos copies. L'authenticité était donc établie et parfaite :

c'étaient vingt-deux lettres inédites de Sophie à M. et à Mᵐᵉ Bélanger, sauvées et retrouvées.

Les Mémoires de Sophie, — ils ne vont malheureusement, ces Mémoires, que de sa naissance à son enlèvement, — ont pour nous la même authenticité historique. Il ne leur manque que la preuve des lettres, la preuve autographe. Mais c'est le tour et l'esprit de Sophie Arnould, et son ton et son accent. Cette voix même un peu enflée, ces parures de roman qu'elle donne à sa jeunesse, ce rehaussement de sa famille, cette allure moins libre et se guindant devant le public de sa vie, n'est-ce pas le caractère et le goût propre des mémoires d'une comédienne qui se confesse? Sophie n'affiche-t-elle pas, dans une lettre à Lauraguais, de l'an VII, donnée dans ce volume, l'intention d'écrire l'histoire de ses amours? Et si ces mémoires étaient fabriqués, pourquoi s'arrêteraient-ils en chemin? Toutefois, n'ayant point derrière nous le manuscrit autographe, nous n'avons osé hasarder aucun extrait ; nous nous sommes contentés de tirer de ces mémoires les faits qui amplifient, certifient, contredisent, avec un accent de vérité incontestable, les récits déjà publiés.

Il fallait encore apporter à cette étude l'intérêt de tous les documents autographes, que la bonne volonté des amateurs pouvait mettre à notre disposition. Nous avons réussi, et nous remercions M. le marquis de Flers, M. Chambry, M. Boutron, M. Fossé d'Arcosse, etc., de nous avoir donné, d'avoir offert au public les restes et les reliques de ce rare et charmant esprit.

EDMOND ET JULES DE GONCOURT.

Paris, 12 janvier 1857.

Postérieurement à la publication de la première édition de ce volume, j'ai retrouvé, j'ai acquis le commencement des Mémoires *autographes* de Sophie Arnould[1]. Malheureusement, ce n'est qu'un très petit fragment. Il y a en tout quatorze pages, dans lesquelles Sophie recommence trois fois l'histoire de sa naissance et de ses premières années. Toutefois, quelque incomplet que soit le manuscrit, son existence démontre que les Mémoires annexés aux lettres n'ont pas été fabriqués, qu'ils ont été bien réellement écrits par la célèbre actrice, à la sollicitation d'un ami, d'un *teinturier*, d'un éditeur dont le nom est resté inconnu.

E. G.

Décembre 1876.

1. Addition à la préface de la première édition, publiée dans l'édition illustrée donnée par Dentu en 1877, petit in-4°.

Depuis la publication de cette préface de la seconde édition[1], j'ai eu connaissance d'un article de l'Amateur d'autographes (août 1878) dans lequel M. Dubrunfaut avançait qu'on ne connaissait pas le manuscrit autographe de Sophie Arnould. Si, sans aucun doute, du moins un fragment incontestablement de la main de Sophie, — les quatorze pages que je possède, — et où elle recommence trois fois l'histoire de sa naissance et de ses premières années. Seulement, alors je croyais à une suite autographe des Mémoires, peut-être perdue, peut-être enfouie dans quelque collection inconnue; à l'heure présente je n'y crois plus guère; je suis presque convaincu que la paresseuse artiste, que l'écriture n'amusait pas, s'est arrêtée à la quatorzième page, et que les

1. Addition à la préface de la première et de la deuxième édition, donnée dans l'édition publiée par G. Charpentier en 1885.

mémoires manuscrits que j'ai entre les mains, — sauf le commencement, — par un certain Talbot, sur la commande de Loiseau, n'ont pas été rédigés, dis-je, sur un brouillon de la chanteuse, mais bien d'après ses confidences et ses conversations. Cela est confirmé par le prospectus du livre qui a seul paru et que je possède également. Et ce prospectus, je le donne comme l'annonce d'un livre construit d'une manière assez originale pour le temps, et qui devait contenir des lettres et des documents que je ne retrouve pas dans les papiers de Talbot en ma possession.

Prospectus.

HUIT CONTEMPORAINS,

OU

CORRESPONDANCE AUTOGRAPHE

DE

Sophie Arnould.

ADANSON, philosophe naturaliste ;
NOVERRE, maître de ballets ;
Le comte de **LAURAGUAIS-BRANCAS** ;
FAUJAS DE SAINT-FOND, naturaliste ;
BEAUMARCHAIS ;
Mme **BEAUMARCHAIS ;**

AVEC

Feu **BÉLANGER,** architecte du roi, etc., etc.,

PRÉCÉDÉE

D'UNE PARTIE DE LA VIE DE SOPHIE ARNOULD,

ÉCRITE PAR ELLE-MÊME ;

D'UNE NOTICE HISTORIQUE SUR CHACUN DES PERSONNAGES

PRÉCÉDENS ;

D'UN FAC-SIMILÉ DE CHACUNE DE LEURS ÉCRITURES ;

ET ORNÉE DE TROIS PORTRAITS,

AU NOMBRE DESQUELS SE TROUVE CELUI DE SOPHIE ARNOULD,

DESSINÉ PAR BOIZOT.

La France, amusée dans son enfance par des hochets, bercée dans sa jeunesse par des prestiges de gloire, et parvenue enfin à la raison de l'âge mûr, s'est lassée de mensonges, d'illusions, de fables. . . . .
. . . .

Au lieu de cela, que nous ont offert les mémoires contemporains? l'esprit de parti, les animosités particulières, les préjugés, l'intérêt surtout, dénaturant, décolorant les faits, en publiant d'imaginaires. . . . .
. . . .
. . . .

Les lettres familières nous semblent plus particulièrement destinées à enrichir l'histoire de documents authentiques. Cet abandon de l'amitié, cette causerie de l'intimité, n'admettent ni faussetés ni détours, et comme l'on n'en soupçonne pas plus qu'on n'en redoute la publicité, les pensées les plus secrètes s'y trahissent, l'esprit et le cœur s'y montrent sans déguisement.

Les lettres que nous annonçons au public sont déjà recommandables, comme on le voit, par le nom des personnages qui les ont écrites, et dont nous possédons les originaux; mais quand on apprendra qu'elles renferment tout ce qu'il y a de plus instructif à la fois, de plus original et de plus piquant; quand on saura que la science, la politique, la littérature, y ont leur compte avec de nouveaux aperçus, quand on y verra le vieux philosophe Adanson, l'homme le plus scientifique et le plus profond qui fût jamais, s'enivrer des regards d'une Dervieux, et tourner le fuseau presque à ses pieds; Noverre, déployer toutes les ressources de l'imagination la plus riche; Mme Beaumarchais, effacer presque les Ninon et les Sévigné; et cette brillante Sophie Arnould, parer tour à tour son style de tout ce que l'esprit a de folle gaieté, de tout ce que le cœur a de sentiments les plus exquis, révéler avec cet abandon séduisant toutes les petites indiscrétions du boudoir et nous initier aux mystères de l'alcôve, c'est alors surtout que nos lecteurs nous sauront gré de notre entreprise. 2 vol. in-8, 12 francs.

Nota. — Cet ouvrage sera précédé d'une Correspondance de divers particuliers de distinction avec Bélanger, puis d'un Discours sur l'architecture et sur les arts en général par Bélanger, et de différentes lettres du même à divers personnages.

J'avais espéré découvrir dans les *Papiers de Bélanger*, acquis par le Musée de la Ville de Paris, à la vente Dubrunfaut, quelques nouvelles copies de lettres d'Adanson, de Noverre, de Beaumarchais, etc., donnant des détails circonstanciés sur la chanteuse; mais, sauf quatre lignes d'une lettre de « l'ami Moyreau », je n'ai rien trouvé que les éléments d'une curieuse biographie de Bélanger; et des réflexions, des projets, des mémoires de l'amant de Sophie, sur le goût, sur l'établissement d'échaudoirs, sur le prix du cuivre, sur les enterrements des condamnés révolutionnaires.

EDMOND DE GONCOURT.

Novembre 1884.

MADAME SAINT-HUBERTY

PRÉFACE DE LA PREMIÈRE ÉDITION[1]

Avec l'ambition de mettre dans mes biographies — un peu des Mémoires des gens qui n'en ont pas laissé, — j'achetais, il y a une quinzaine d'années, chez le bouquiniste bien connu de l'arcade Colbert, les papiers de la Saint-Huberty. Peu à peu, avec le temps, à ces papiers se joignaient les lettres de la chanteuse, que les hasards des ventes amenaient en ma possession. Enfin, quand le paquet de

1. DENTU, 1882, petit in-8º carré illustré.

matériaux autographes et de documents émanant de la femme me paraissait suffisant, je complétais mon étude par la lecture de tous les cartons de l'ancienne Académie royale de musique, conservés aux Archives nationales, de ces correspondances de directeurs, que je m'étonne de voir si peu consultées, de ces rapports vous initiant à tous les détails secrets des coulisses, au sens dessus dessous produit à Versailles par l'audition d'un nouvel opéra, — et qui vous montrent Louis XVI avançant le conseil des ministres, pour leur permettre d'assister à la représentation de Didon jouée pour la première fois par la Saint-Huberty.

EDMOND DE GONCOURT.

Auteuil, février 1880.

ART FRANÇAIS

LA PEINTURE

A L'EXPOSITION DE 1855

PRÉFACE[1]

La peinture est-elle un livre? La peinture est-elle une idée? Est-elle une voix visible, une langue peinte de la pensée? Parle-t-elle au cerveau? Son but et son action doivent-ils être d'immatérialiser cela qu'elle fait de couleurs, d'empâtements et de glacis? sa préoccupation et sa gloire de mépriser ses conditions de vie, le sens naturel dont elle vient, le sens naturel qui

---

1. E. Dentu, libraire-éditeur, 1855. Brochurette tirée à 42 exemplaires.

la perçoit. La peinture est-elle en un mot un art spiritualiste?

N'est-il pas plutôt dans ses destins et dans sa fortune de réjouir les yeux, d'être l'animation matérielle d'un fait, la représentation sensible d'une chose, et de ne pas aspirer beaucoup au delà de la récréation du nerf optique? La peinture n'est-elle pas plutôt un art matérialiste, vivifiant la forme par la couleur, incapable de vivifier par les intentions du dessin, le par dedans, le moral, le spirituel de la créature?

Autrement, qu'est le peintre? — Un esclave de la chimie, un homme de lettres aux ordres d'essences et de sucs colorants, qui a, pour toucher les oreilles de l'âme, du bitume et du blanc d'argent, de l'outremer et du vermillon.

Croit-on, au reste, que ce soit abaisser la peinture que de la réduire à son domaine propre, ce domaine que lui ont conquis le génie de ces palettes immortelles : Véronèse, Titien, Rubens, Rembrandt, Vélasquez, grands peintres, vrais peintres ! flamboyants évocateurs des seules choses évocables par le pinceau : le soleil et la chair ! — ce soleil et cette chair que la nature refusa toujours aux peintres spiritualistes, comme si elle voulait les punir de la négliger et de la trahir.

EDMOND ET JULES DE GONCOURT.

L'ART DU XVIIIe SIÈCLE[1]

PRÉFACE DE L'ÉDITION ORIGINALE

Le livre a été commencé par deux frères, en des années de jeunesse et de bonne santé, avec la confiance de le mener à sa fin. Tout un mois, chaque année, au sortir des noires et mélancoliques études de la vie contemporaine, il était le travail dans lequel se recréait, comme en de riantes vacances, leur goût du temps passé.

---

1. Édition publiée chaque année par fascicules contenant quatre eaux-fortes gravées par Jules de Goncourt, et imprimés par Perrin à 200 exemplaires. DENTU, libraire-éditeur, 1859-1875.

Et il y avait entre eux deux une émulation pour définir en une phrase, pour faire dire à un mot, le *cela* presque inexprimable qui est dans un objet d'art. C'était leur livre préféré, le livre qui leur avait donné le plus de mal.

Deux années encore, et l'histoire de l'art français du xviii° siècle, dans toutes ses manifestations véritablement françaises, était terminée. Une année allait paraître l'École de Watteau, contenant les biographies de Pater, de Lancret, de Portail, encadrées dans un historique de la domination du Maître pendant tout le siècle. A cet avant-dernier fascicule devait succéder, l'année suivante, un travail général sur la sculpture du temps, où se serait détachée, comme l'expression la plus originale de la sculpture rococo, la petite figure du sculpteur Clodion.

Ces deux années n'ont pas été données à la collaboration des deux frères. Le plus jeune est mort. Le vieux ne se sent pas le courage — et pourquoi ne le dirait-il pas — le talent d'écrire, lui tout seul, les deux études qui manquent au livre. Du reste, s'il s'en croyait capable, un sentiment pieux que comprendront quelques personnes le pousserait, le pousse aujourd'hui à vouloir qu'il en soit de ce livre, ainsi que de la chambre d'un mort bien-aimé, où les choses demeurent telles que les a trouvées la mort.

EDMOND DE GONCOURT.

GAVARNI

L'HOMME ET L'ŒUVRE

PRÉFACE DE LA PREMIÈRE ÉDITION[1]

Nous avons aimé, admiré Gavarni.

Nous avons beaucoup vécu avec lui. Pendant de longues années, nous avons été presque la seule intimité du misanthrope. Il éprouvait pour le plus jeune de nous deux une sorte d'affection paternelle; et la solitude du Point-du-Jour s'ouvrait à notre visite avec cet aimable mot d'accueil : « Mes enfants, vous êtes la joie de ma maison! »

---

1. HENRI PLON, imprimeur-éditeur, 1873, 1 vol. in-8.

Ce sont, dans leur vagabondage libre et leur franche expansion, les causeries, les confidences de cette intimité que nous donnons ici. Ce sont des journées entières passées ensemble, des soirées où nous nous attardions, oublieux de l'heure et de la dernière gondole de Versailles ; ce sont les lentes et successives retrouvailles d'un passé, revenant à Gavarni au coin de son feu, ou au détour d'une allée de son jardin, — une biographie, pour ainsi dire parlée, — où la parole du causeur, de l'homme qui se raconte, est notée avec la fidélité d'un sténographe.

Le fils de Gavarni, Pierre Gavarni, que nous ne saurions trop remercier, a complété notre travail sur la vie de son père, par la communication entière de ses papiers. Il nous a confié ses fragments de mémoires, ses carnets, ses notules, ses récits de voyages, ses cahiers de mathématique, au parchemin graissé et noirci par une compulsation continue, et où la littérature écrite à rebours se mêle aux X, enfin les feuilles volantes qui livrent des épisodes de son existence.

Gavarni, en effet, fut toujours très écrivassier de ses impressions, de ses sensations, de ses aventures psychologiques, et, sauf les dernières années de sa vieillesse, où le philosophe ne formule plus sur ses journaux que des pensées, — toute sa vie, il l'a écrite.

Nous trouvons, jeté sur un morceau de papier, avec le désordre d'une note :

Il me manque le premier volume de ma vie d'enfant... J'ai presque tout le reste en portefeuille... J'aimerais qu'on écrivît sans esprit. On ne s'écrit pas, on s'imprime.

Le soir où il écrivait cela, Gavarni avait près de lui une maîtresse d'ancienne date; et, pour se tenir compagnie, il avait tiré d'un tiroir secret *un petit livre rouge, à coins usés, usés, usés.*

Le volume laissé sur la table de nuit, il se faisait par avance une joie, sa maîtresse couchée et endormie, de se plonger dans le petit livre rouge *avec recueillement, solennité, religion.*

Il y avait déjà quelque temps qu'il entendait, sans y prendre garde, crier du papier derrière lui, quand il se retourna.

Elle en avait fait des papillotes... Et c'étaient deux années de la vie de Gavarni.

. . . .

Donc il y a des années dans la vie de Gavarni dont les femmes ont fait des papillotes, il y a encore des années égarées et perdues ; mais, malgré ces petits malheurs, nul artiste jusqu'ici, croyons-nous, n'a laissé sur lui-même autant de documents que Gavarni.

Et avec l'inconnu et l'inédit de ces do-

---

1. Dans cette édition, tout cet inédit, pour mieux le faire sentir et apprécier par le lecteur, nous le donnons en italique.

cuments authentiques et sincères, nous essayons aujourd'hui, dans ce livre, de faire connaître à la France son grand peintre de mœurs.

EDMOND ET JULES DE GONCOURT.

Auteuil, janvier 1870.

LA MAISON D'UN ARTISTE

PRÉFACE DE LA PREMIÈRE ÉDITION[1]

En ce temps, où les choses, dont le poète latin a signalé la mélancolique vie latente, sont associées si largement par la description littéraire moderne, à l'histoire de l'Humanité, pourquoi n'écrirait-on pas les mémoires des choses, au milieu desquelles s'est écoulée une existence d'homme?

EDMOND DE GONCOURT.

Auteuil, ce 26 juin 1880.

1. G. Charpentier, éditeur, 1881, 2 vol. in-18.

JAPONISME

L'ART INDUSTRIEL JAPONAIS

FRAGMENTS D'UNE PRÉFACE INÉDITE
D'UN OUVRAGE EN PRÉPARATION

. . . .

Voici dans une vitrine un netzké en fer, signé par SHÛRAKU (de Yedo), — un artiste vivant dans les premières années du XIX° siècle.

En haut du netzké, un peu plus grand qu'une pièce de deux francs, se voit incisée, dans le fer, une patte d'oiseau, une patte de grue; mais de la grue absente, volante en dehors du petit rond de métal, il n'y a que la patte — et ce qu'a représenté au . .

milieu du tout petit disque noir le ciseleur, le savez-vous? — c'est dans la damasquinure d'un miroitement argenté, le reflet renversé de la grue, déjà montée dans le ciel, le reflet sous la lumière de la lune, en une rivière, coupée par de grands roseaux.

Et penser qu'il existe de bons petits journalistes parisiens qui n'ont pas assez d'ironies méprisantes pour l'art d'un pays, où les ouvriers sont de tels poètes!

. . . .
. . . .
. . . .

Il y a des années, par un après-midi d'hiver, je tombais chez M. Bing, au moment où l'on déballait un arrivage du Japon.

Parmi les menus objets réunis sur un plateau de laque, se trouvait une petite écritoire de poche — qu'au Japon, ils appellent *yataté* (porte-flèche), composée d'un étui de la grosseur d'un gros

sucre d'orge contenant le pinceau de blai-
reau pour écrire, et d'un petit seau fermé,
où est renfermée l'espèce d'éponge en
poil de lapin, imbibée d'encre de Chine.
La petite bimbeloterie fabriquée de deux
morceaux de bambou représentait des
jeux d'enfants gravés en noir sur le jaune
fauve du bois, des jeux d'enfants n'ayant
rien de bien remarquable, mais le bibelot
avait pour moi l'intérêt d'un objet usuel,
ancien, et j'étais confirmé dans cette sup-
position par une longue inscription gravée
sous le petit seau, et par un raccommo-
dage, — un de ces raccommodages naïfs et
francs, ainsi qu'on a l'habitude de les faire,
là-bas, aux objets d'une certaine valeur.

J'offris un prix qui ne fut pas accepté, et
d'assez mauvaise humeur, j'abandonnai
l'écritoire, — toutefois avec le regret lan-
cinant, qu'on a tout le long du chemin, en
s'en allant, à l'endroit des objets ayant en
eux une *attirance* secrète, inexplicable. Et

puis le regret de la chose manquée devint dans la nuit un si violent désir de la posséder, que le lendemain matin, je retournais chez M. Bing. L'écritoire était vendue à M. Marquis, le chocolatier, collectionneur d'un goût supérieur dans l'exotique, et qui a été un des premiers à posséder les plus beaux et les plus curieux objets japonais.

Deux ou trois années se passèrent, et un jour, M. Marquis se dégoûtait de sa collection de l'extrême Orient, et je retrouvai la petite écritoire de poche chez les Sichel, où je l'achetai. La pauvre écritoire restait des années chez moi, très peu regardée par les amateurs, très peu appréciée même par les Japonais, dont l'un cependant, M. Otsouka, reconnut que c'était une écritoire du xviie siècle — personne au monde n'ayant un soupçon de la main illustre qui avait fabriqué cette *curiosité*.

Enfin un jour, Hayashi, en train de visiter ma collection, tirait l'écritoire d'un tiroir, et je voyais ses doigts pris d'un tremblement religieux, comme s'ils touchaient une relique, et je l'entendais, le Japonais, me dire d'une voix émotionnée : « Vous savez, vous possédez là une chose... une chose très curieuse... une chose fabriquée par un des quarante-sept ronins ! »

Et détachant une feuille de papier d'un cahier qu'il avait sur lui, il me traduisait incontinent dessus l'inscription gravée sur le fond du seau de l'écritoire.

天和三癸亥

ten.	nom de séries d'années.
wa.	
san.	3ᵉ.

李春二月赤穂臣大高信清彫之

ki. shun.	fin du printemps.
ni. gatsu.	2º mois.
aka. ô.	nom du maître des 47 ronins.
shin.	sujet.
ô. taka.	nom de famille du ronin.
nobu. kiyo.	prénom du ronin.
horu. korco.	sculptée.

Traduction qui peut se résumer ainsi : *Sculpté par Otaka Noboukiyo sujet du prince Akao, en 1683, à la fin du printemps.*

Oui, vraiment, cette écritoire, ce petit objet de la vie usuelle, a été fabriqué par un vassal du prince Akao, par un de ces quarante-sept héros qui se vouèrent à la mort pour venger leur seigneur et maître, par un de ces hommes dont la mémoire est devenue une sorte de religion au Japon, en ce pays, adorateur du *sublime*, et qui, au dire d'Hayashi, n'accueille et n'aime de toute notre littérature européenne que les drames de Shakespeare et la tragédie du Cid, de Corneille.

Un curieux fait dans l'histoire de l'humanité que ce grand acte de dévouement accompli dans une société féodale par toute une famille de vassaux, et que, depuis deux siècles, le Japon célèbre par le théâtre, le roman[1], l'image.

Un *daimio*, du nom de Takumi-no-Kami, portant un message du mikado à la cour de Yédo, fut cruellement offensé par Kotsuké, l'un des grands fonctionnaires du Shogun[2]. On ne tire pas le sabre dans l'enceinte du palais, sans encourir la peine de mort et la confiscation de ses biens. Takumi se contint à la première offense, mais à une seconde il ne fut pas maître de lui, et courut sur son insulteur, qui, légèrement blessé, put s'enfuir.

Takumi fut condamné à s'ouvrir le ventre. Son château d'Akô fut confisqué, sa famille réduite à la misère, et ses gentilshommes tombés à l'état de *ronins*, de

---

1. LES FIDÈLES RONINS, roman historique japonais, par Tamenaga Shounsoui, traduit sur la version anglaise de MM. Shionchiro Saito et Edward Greey, par B. H. Gausseron. Quantin, 1882.

2. TALES OF OLD JAPAN, by A.-B. Mitfort. London, Macmillan, 1871.

déclassés, de déchus, d'*épaves,* selon l'expression japonaise.

Mais Kuranosuké, le premier conseiller du daimïo et quarante-six des *samuraï* attachés à son service, avaient fait le serment de venger leur maître. Et le serment prononcé, ces hommes, pour endormir les défiances de Kotsuké qui les faisait surveiller par ses espions à Kioto, se séparèrent et se rendirent dans d'autres villes, sous des déguisements de professions mécaniques.

Kuranosuké fit mieux pour tromper Kotsuké. Il simula la débauche, l'ivrognerie, à ce point, qu'un homme de Satzuma, le trouvant étendu dans un ruisseau, à la porte d'une maison de thé, et le croyant ivre-mort, lui cria : « Oh! le misérable, indigne du nom de Samouraï, qui, au lieu de venger son maître, se livre aux femmes, au vin! » Et l'homme de Satzuma, en lui disant cela, le poussait du pied et urinait sur sa figure.

[23.

Le fidèle serviteur poussa encore plus loin la sublimité de son dévouement. Il accablait d'injures sa femme, la chassait ostensiblement de sa maison, ne gardant auprès de lui que son fils aîné, âgé de seize ans.

Mais il faut lire le récit de cette comédie surhumaine dans le roman du Japonais Tamenaga Schounsoui, et qui laisse bien loin derrière elle la comédie de l'avilissement d'un Lorenzaccio, dans le proverbe d'Alfred de Musset.

. . . .

« Ah ! pauvre créature que je suis ! Quels heureux jours que ceux d'autrefois, quand il ne trouvait à faire aucun reproche à sa femme ! » s'écrie la malheureuse épouse qui attribue les mauvais traitements de son mari à un dérangement de la cervelle causé par la mort du prince.

Et la femme retirée, toute sanglotante après avoir jeté un regard d'ineffable tendresse sur l'apparent dormeur, — Kuranosuké se lève, sans aucune trace d'ivresse dans les manières et avec des traits exprimant la plus vive émotion.

« O dieux, dit-il en gémissant, quelle fidélité ! C'est plus que je n'en peux supporter ! »

Pendant qu'il parlait, les larmes ruisselaient sur ses joues.

« C'est le modèle des femmes. Au lieu de me blâmer de ce qui peut sembler un crime de ma part, elle invente des excuses à ma conduite et prend pour elle toute la faute. Je vais mettre un terme à cela sur-le-champ. Elle ne sera pas témoin du rôle que j'ai à jouer pour faire réussir mon plan. D'un autre côté, mes petits-enfants ne se souviendront pas de moi comme d'un ivrogne imbécile. Je vais la renvoyer. Mais encore, comment m'y prendrai-je ? »

Cet homme énergique et brave arpentait la chambre, et dans son angoisse, il se tordait les bras et grinçait des dents. Tout sage qu'il était, il avait oublié, en entreprenant de jouer le rôle d'un débauché, qu'il lui serait impossible de fatiguer le dévouement de sa femme. Le seul parti qu'il eût à prendre, était de lui donner une lettre de divorce, et de l'envoyer avec ses plus jeunes enfants chez son père, lequel comprendrait, il en était certain, la véritable raison qui le poussait à agir ainsi et donnerait à la pauvre femme consolation et conseil.

A ce moment, il entendit la voix de ses enfants, et sa femme qui leur disait très bas :

— « Ne faites pas de bruit, mes petits ; votre papa n'est pas bien, vous le dérangeriez.

— « Est-ce qu'il a encore cette drôle de maladie de l'autre jour ? » demanda l'aîné.

— « Chut ! chut ! dit la mère. Votre papa a beaucoup d'ennuis, et il ne faut pas parler ainsi. »

L'infortuné pensa à ses devoirs envers son prince mort, et s'armant d'un cœur d'acier contre tout sentiment, il se recoucha et recommença à faire semblant de sommeiller.

« — Honorable mari, votre bain est prêt.

« — Mon bain? s'écria-t-il, en se levant et en prenant un flageolet, dont il se mit à jouer. Puis brusquement : « Je sors. »

Il se dirigea vers la porte. Aussitôt sa femme ramassa son chapeau de *ronin*, et le lui présenta à genoux, en disant :

— « Honorable époux, mettez ceci. Vous avez des ennemis aux environs. »

Kuranoské se retourna et lui dit :

— « Assez. Vous causez trop. Je vous donnerai une lettre de divorce et vous aurez à retourner chez votre père. Je vous accorderai la permission de vous charger de nos deux plus jeunes enfants. Mon domestique vous accompagnera. »

Avant qu'elle eût pu répondre, il avait mis son chapeau et descendait le sentier, en chancelant. Sa femme le regarda s'éloigner comme si elle venait de s'éveiller d'un songe.

C'est alors que Kotsuké (*celui qui a commis un grand forfait, entend dans le trottinement d'une souris les pas du vengeur*), tout à fait rassuré par l'indignité de la vie de son ennemi, se relâchait de la surveillance qu'il faisait exercer autour de son habitation, renvoyait une partie de ses gardes.

La nuit de la vengeance était enfin arrivée, et la voici telle que nous la fait voir la suite des planches d'un album. Une froide nuit d'hiver (décembre 1701) à l'heure du bœuf (2 heures du matin), dans une tourmente de neige, les conjurés, vêtus d'un surtout noir et blanc pour se reconnaître, et en dessous de toile d'acier, marchent silencieusement vers le *yashki* de l'homme dont ils se sont promis d'aller déposer la tête sur le tombeau de leur seigneur.

Ils escaladent la palissade. Ils enfoncent à coups de marteau la porte intérieure. Ils égorgent les samouraïs de Kotsuké, dans l'effarement grotesque de grosses femmes, se sauvant chargées d'enfants. Ils poursuivent les fuyards jusque sur les poutres du plafond, d'où ils les précipitent en bas.

Mais de Kotsuké, point. On ne le trouve nulle part, et on désespérait même de le découvrir, quand Kuranosuké, plongeant les mains dans son lit, s'aperçoit que les couvertures sont encore chaudes. Il ne peut être loin. On sonde les recoins à coups de lance et bientôt on le tire de sa cachette, — un coffre à charbon, — déjà blessé à la hanche.

Une planche en couleur nous montre le vieillard, habillé d'une robe de satin blanc, et traîné tout tremblant devant le chef de l'expédition.

A ce moment Kuranosuké se met à genoux devant le blessé, et après les démonstrations de respect dues au rang élevé du vieillard, lui dit : « Seigneur, nous sommes des hommes de Takumi-no-Kami. Votre Grâce a eu une querelle avec lui. Il a dû mourir et sa famille a été ruinée. En bons et fidèles serviteurs nous vous conjurons de faire *hara-kiri* (s'ouvrir le ventre). Je vous servirai de second, et après avoir en toute humilité recueilli la tête de Votre Grâce, j'irai la déposer en offrande sur la tombe du seigneur Takumi. »

Kotsuké ne se rendant pas à l'invitation qui lui était faite, Kuranosuké lui coupait la tête avec le petit sabre qui avait servi à son maître à s'ouvrir le ventre.

Alors les 47 ronins se dirigeaient vers le petit cimetière du temple de la Colline-du-Printemps, où reposait le seigneur d'Akô sous trois couches de pierre, surmontées d'une plaque et de son épitaphe ainsi conçue :

Le grand Samuraï, couché en paix... et qui durant sa vie jouit des titres honorables de Majordome général et de Grand-homme-ayant-le-privilège-d'audience-avec-le-Mikado.

Et leur offrande faite de la tête de Kotsuké, se regardant déjà comme morts, ils demandaient aux bonzes de les ensevelir, et se rendaient au tribunal.

Condamnés sur l'avis de Hayashi Daigaku, chef des académiciens, consulté par le pouvoir exécutif, les quarante-sept ronins s'ouvraient le ventre, et enterrés autour du corps de leur maître, la sépulture du prince d'Akô et de ses fidèles serviteurs devenait un lieu de pèlerinage.

Telle est l'histoire de ces quarante-sept hommes dont faisait partie le fabricateur de la petite écritoire de poche. On conçoit, après le déchiffrement de l'inscription par Hayashi, l'intérêt que j'eus à savoir la part qu'il avait pu prendre à l'expédition contre la résidence de Kotsuké ; part dont je ne trouvais trace ni dans le roman de Tamenaga Shounsoui, ni dans les légendes du vieux Japon de M. Mitfort ; on comprend la curiosité que j'éprouvai même à faire connaissance avec la personne de mon artiste-héros, par un portrait, une figuration, une représentation quelconque.

Et je me mis à fouiller mes albums, et je trouvai le recueil qui porte pour titre : *Sei tû Guishi deu* (LES CHEVALIERS DU DEVOIR ET DU DÉVOUEMENT), où le peintre Kouniyoshi nous représente les ronins dans l'action de l'attaque du yashki de Kotsuké : l'un portant une bouteille d'alcool « pour panser les blessures et faire de grandes flammes afin d'épouvanter l'ennemi », l'autre « tenant deux chandelles et deux épingles de bambou pour servir de chandeliers », celui-ci éteignant avec de l'eau les lampes et les braseros, celui-là ayant aux lèvres le sifflet « dont les trois coups prolongés » doivent annoncer la découverte de Kotsuké ; et presque tous dans des poses de violence et d'élancement, brandissant à deux mains des sabres et des lances, et tous enveloppés d'un morceau d'étoffe de soie bleue, avec leurs lettres distinctives sur leurs uniformes, leurs armes, leurs objets d'équipement, et tous ayant sur eux un *yatate*, écritoire de poche, et dans leur manche un papier expliquant la raison de l'attaque [1].

1. C'était la copie des instructions rédigées par Kuranosuké, dont l'original existerait encore au temple de la Colline-du-Printemps, et qui, au milieu de recommandations relatives aux préparatifs du combat, à l'échange des mots de passe, etc., etc., contient ce curieux paragraphe : « Avant de partir, prenez médecine. Faites-le, que vous soyez bien portant ou non. L'émotion subite rend souvent malade un homme robuste. »

L'album, montré à Hayashi, en le priant de désigner Otaka dans les quarante-sept ronins représentés, et en lui demandant s'il ne connaissait pas quelque détail imprimé sur l'homme, il me dit en feuilletant l'album : « Le voici, Otaka !... ou plutôt Ouengo Tadao... car il y a une défense d'indiquer les vrais noms des ronins, et ils sont représentés avec les noms *défigurés* qu'ils ont au théâtre. » Et disant cela, Hayashi avait le doigt sur la planche, où est imprimé, en couleur, un guerrier au casque bleu, au vêtement noir et blanc doublé de bleu, la tête baissée, les deux mains sur le bois d'une lance, un pied en l'air, un autre appuyé à plat sur le sol, et portant un furieux coup de haut en bas.

Puis comme Hayashi cherchait dans sa mémoire, s'il connaissait quelque détail biographique sur Otaka, ses yeux s'arrêtant sur la demi-page de caractères gravés au-dessus du guerrier, il s'écria : « Mais sa biographie... la voici ! » Et je la donne telle qu'il me l'a traduite d'après le texte d'Ippitsou-an.

Tadao appartient héréditairement à une famille vassale de Akao. Dès sa jeunesse, il se fit remarquer par son dévouement au maître, tel qu'il n'y en a pas deux. Son talent dans la tactique et les manœuvres de cavalerie lui fit un renom brillant. Après le désastre de la maison de son maître, il est venu à Yedo, en cachant au fond du cœur l'idée de la vengeance. Mais ouvertement il se présenta comme artiste, se fit appeler Shiyô dans la société de poésie, et fut ami de Kikakou, célèbre poète de ce temps. Il fut admis également à la société de thé de Tchanoyu et fut élève de Yamada Sôhen, célèbre maître de thé, qui connaissait Kira (Kotsuké) assez intimement. Il parvint ainsi à se mettre au courant des habitudes de son ennemi. Afin de se renseigner le mieux possible, il se déguisa en marchand d'objets de bambou[1]*, et de balais, qu'il offrait naturellement dans les meilleures conditions, et fréquenta la résidence de Kira. Il sut ainsi que le 14ᵉ jour du 12ᵉ mois, était le jour du grand nettoyage, et que ce jour le monde s'enivre et dort de fatigue. C'est ainsi qu'il indiqua à Oishi la nuit qu'il fallait choisir pour attaquer. Pendant ce combat, il fut blessé dans les ténèbres de la nuit, et l'on croit que c'est Kobayashi Heihati qui fut son adversaire.*

On remarquera la phrase *se déguisa en marchand d'objets de bambou*, qu'il lui

---

1. La date de la fabrication de l'objet, 1683, si elle est juste, — l'exécution du prince d'Akô ayant eu lieu en 1690, — semblerait indiquer que la petite écritoire fut exécutée, avant que Otaka fût ronin et marchand d'objets de bambou, mais ainsi qu'au Japon, les gens, qui ne font pas profession d'être artistes, sculptent des netzkés pour leur plaisir. Otaka, plus tard, comme marchand d'objets de bambou, aurait utilisé le talent d'agrément de sa jeunesse.

arrivait de fabriquer lui-même, ainsi que le prouve la petite écritoire de poche de ma collection.

EDMOND DE GONCOURT.

TABLE DES MATIÈRES

	Pages.
Romans et Nouvelles	1
En 18..	3
Charles Demailly	15
Renée Mauperin	17
Germinie Lacerteux	19
La Fille Élisa	47
Les Frères Zemganno	53
La Faustin	59
Chérie	63
Quelques Créatures de ce temps	79
Théâtre	81
Henriette Maréchal	83
La Patrie en danger	133
Théâtre : Henriette Maréchal. — La Patrie en danger	139

TABLE DES MATIÈRES.

	Pages.
AUTOBIOGRAPHIE.	169
Journal des Goncourt.	171
HISTOIRE	177
Histoire de la Société française.	179
Portraits intimes du xviii° siècle.	187
Histoire de Marie-Antoinette.	197
Les Maîtresses de Louis XV.	201
La Femme au xviii° siècle.	221
Sophie Arnould.	227
Madame Saint-Huberty.	239
ART FRANÇAIS.	241
La Peinture à l'Exposition de 1855.	243
L'Art du xviii° siècle.	247
Gavarni.	251
La Maison d'un Artiste.	257
JAPONISME.	259
L'Art industriel japonais.	261

Paris. — Typ. G. Chamerot, 19, rue des Saints-Pères. — 23123.

EXTRAIT DU CATALOGUE CHARPENTIER

OUVRAGES
DE
EDMOND ET JULES DE GONCOURT

PHILOSOPHIE

IDÉES ET SENSATIONS

Nouvelle édition. . . . . 1 vol.

HISTOIRE

LA FEMME AU DIX-HUITIÈME SIÈCLE

Nouvelle édition, revue et augmentée . . . . . . 1 vol.

PORTRAITS INTIMES DU DIX-HUITIÈME SIÈCLE

Études nouvelles, d'après les lettres autographes et les documents inédits. (Louis XV enfant. — Bachaumont. — L'abbé d'Olivet. — Le comte de Clermont. — Mme Geoffrin. — Caylus. — Dulaurens. — Doyen. — La duchesse de Chaulnes. — Piron. — Mlle de Romans. — L'abbé Leblanc. — Le graveur Lebas. — Louis XVI. — Beaumarchais. — Lagrenée l'aîné. — Théroigne de Méricourt. — Collin d'Harleville. — Kléber. — La comtesse d'Albany). . . . . 1 vol.

LA DUCHESSE DE CHATEAUROUX ET SES SŒURS

Nouvelle édition, revue et augmentée de Lettres et Documents inédits, tirés de la Bibliothèque nationale, de la Bibliothèque de Rouen, des Archives nationales et de collections particulières. . . . . 1 vol.

MADAME DE POMPADOUR

Nouvelle édition, revue et augmentée de Lettres et Documents inédits, tirés du Dépôt de la guerre, de la Bibliothèque de l'Arsenal, des Archives nationales et de collections particulières. 1 vol.

LA DU BARRY

Nouvelle édition, revue et augmentée de Lettres et Documents inédits, tirés de la Bibliothèque de Versailles, des Archives nationales et de collections particulières. . . . . 1 vol.

HISTOIRE DE MARIE-ANTOINETTE

Nouvelle édition, revue et augmentée de Lettres inédites et de Documents nouveaux tirés des Archives nationales . . . . 1 vol.

SOPHIE ARNOULD
(LES ACTRICES DU XVIIIe SIÈCLE)

D'après sa Correpondance et ses Mémoires inédits. 1 vol.

MADAME SAINT-HUBERTY

D'après sa Correspondance et ses Papiers de famille . . . . 1 vol.

HISTOIRE DE LA SOCIÉTÉ FRANÇAISE
PENDANT LA RÉVOLUTION

Nouvelle édition. . . . . 1 vol.

HISTOIRE DE LA SOCIÉTÉ FRANÇAISE
PENDANT LE DIRECTOIRE

Nouvelle édition. . . . . 1 vol.

AUTOBIOGRAPHIE

JOURNAL DES GONCOURT

MÉMOIRES DE LA VIE LITTÉRAIRE (1851 à 1870). . 3 vol.

ART
L'ART DU DIX-HUITIÈME SIÈCLE

(Watteau. — Chardin. — Boucher. — La Tour.)
Première série.................. 1 vol.
(Greuze. — Les Saint-Aubin. — Gravelot. —
Cochin.) *Deuxième série*............ 1 vol.
(Eisen. — Moreau. — Debucourt. — Fragonard.
— Prudhon.) *Troisième série* .... 1 vol.

GAVARNI : L'HOMME ET L'ŒUVRE

Un vol. in-18.

THÉATRE
HENRIETTE MARÉCHAL. | LA PATRIE EN DANGER.

Un vol. in-18.

ROMANS

GERMINIE LACERTEUX.	MADAME GERVAISAIS.
RENÉE MAUPERIN.	MANETTE SALOMON.
CHARLES DEMAILLY.	SŒUR PHILOMÈNE.

QUELQUES CRÉATURES DE CE TEMPS

EN 18..

Chacun de ces romans forme un volume in-18.

MÉLANGES — CRITIQUE
PAGES RETROUVÉES

Avec une préface par GUSTAVE GEFFROY...... 1 vol.

OUVRAGES DE EDMOND DE GONCOURT

ART FRANÇAIS ET JAPONISME

LA MAISON D'UN ARTISTE
2 vol. in-18

ROMANS

LA FILLE ÉLISA.	**LES FRÈRES ZEMGANNO.**
1 vol. in-18.	1 vol. in-18.
LA FAUSTIN.	**CHÉRIE.**
1 vol. in-18.	1 vol. in-18.

OUVRAGES DE JULES DE GONCOURT

Lettres. Avec une préface d'Henry Céard. . . 1 vol.

COLLECTION IN-32 A 4 FR. LE VOLUME

Renée Mauperin. Avec deux eaux-fortes de Edmond Morin . . . . 1 vol.

Madame Gervaisais. Avec deux eaux-fortes de J. Desmoulins . . . . 1 vol.

ÉDITION DE GRAND LUXE

Renée Mauperin. Avec dix eaux-fortes de James Tissot, format in-4°, tirage sur Hollande à 500 exemplaires . . . . 50 fr.

www.ingramcontent.com/pod-product-compliance
Lightning Source LLC
Chambersburg PA
CBHW070752170426
43200CB00007B/749